Finance
and
Taxation

郭静　李会萍　林安强◎著

XINXIHUA SHIDAI XIA DE
CAIZHENG SHUISHOU GUANLI YANJIU

信息化时代下的
财政税收管理研究

U0588104

中国出版集团
中译出版社

图书在版编目（CIP）数据

信息化时代下的财政税收管理研究 / 郭静，李会萍，
林安强著. -- 北京 : 中译出版社, 2024. 6. -- ISBN
978-7-5001-7838-5

Ⅰ. F810

中国国家版本馆CIP数据核字第2024F13S57号

信息化时代下的财政税收管理研究

XINXIHUA SHIDAI XIA DE CAIZHENG SHUISHOU GUANLI YANJIU

著　　者：郭　静　李会萍　林安强

策划编辑：于　宇

责任编辑：于　宇

文字编辑：田玉肖

营销编辑：马　萱　钟筱童

出版发行：中译出版社

地　　址：北京市西城区新街口外大街28号102号楼4层

电　　话：（010）68002494（编辑部）

由　　编：100088

电子邮箱：book@ctph.com.cn

网　　址：http://www.ctph.com.cn

印　　刷：北京四海锦诚印刷技术有限公司

经　　销：新华书店

规　　格：710 mm×1000 mm　1/16

印　　张：13

字　　数：230千字

版　　次：2025年3月第1版

印　　次：2025年3月第1次

ISBN 978-7-5001-7838-5　　　定价：68.00元

前　言

　　在经济快速发展的背景下，各个企业之间的竞争相比之前变得更加激烈，市场的发展环境也变得不稳定起来，这些因素直接导致大部分企业在经营与发展的过程中面临着更大的困难和挑战。因此，会计这个行业的制度也发生了很大的改变。会计与税收是一个企业在经营发展过程中重要的因素，这两者之间存在着许多相同与不同之处，它们之间的关系相比之前变得更加紧密。而随着信息化时代的到来，相关部门需要全面深入地对这两者进行改革和升级，并及时做出正确的管理，来最大限度地促进会计这个行业的发展。

　　本书是一本关于信息化时代下财政税收管理研究的书籍。全书首先概述了财政税收管理的基本理论，介绍了财政与税收基础、财政管理的主要内容、税收分析的内容与方法、税收风险管理理论与实践等；梳理和分析了信息化时代下财务管理变革与发展的相关问题，包括财务管理信息化发展的基本概况、信息化时代下财务管理的系统与平台、财务管理的信息系统开发与实现等；最后探讨了财税 RPA 在财税管理中的应用。本书力求论述严谨、结构合理、条理清晰，希望不仅能为财税管理提供一定的理论知识，还能为信息化时代下的财政税收管理相关理论的深入研究提供借鉴。

　　本书参考了大量相关的文献资料，借鉴、引用了诸多专家、学者和教师的研究成果，其主要来源已在参考文献中列出，如有个别遗漏，恳请作者谅解并及时和我们联系。本书在写作的过程中得到了很多专家和学者的支持和帮助，作者在此深表谢意。由于能力有限，时间仓促，虽经多次修改，仍难免有不妥与遗漏之处，恳请专家和读者指正。

作者

2024 年 4 月

目　录

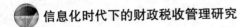

第一章　财政与税收基础

第一节　财政理论基础

一、财政的基本概念与基本特征

（一）财政的基本概念

财政是一种政府的经济活动，也是一种特殊的分配。财政分配的主体是国家，参与分配的依据是社会的政治权力，分配的对象是社会剩余产品，分配的目的是提供公共产品以满足社会公共需要，并使政府经济领域的经济活动与市场经济领域的经济活动相协调，保证整个社会再生产过程的协调运行。基于这样的认识，可以说，财政是以国家为主体，凭借政治权力，为满足社会公共需要而参与社会产品分配所形成的政府经济活动，并通过政府经济活动使社会再生产过程相对均衡与协调，实现社会资源优化配置、收入公平分配及国民经济稳定与发展的内在职能。在这一基本概念中，"以国家为主体"指的是财政分配的主体，"凭借政治权力"指的是财政分配的依据，"为满足社会公共需要"指的是财政分配的最终目的，而"实现社会资源优化配置、收入公平分配及国民经济稳定与发展"则指的是财政的职能。

（二）财政的基本特征

1.财政是国家的经济活动

财政学研究财政，首先是将财政作为经济范畴加以研究的。通过财政的产生与发展可以看出，社会生产活动所创造的社会产品必然分解为两个部分：一部分社会产品以按生产要素分配的形式分配给生产要素的提供者，通过生产要素提供者的交换与消费活动形成社会再生产过程。这种经济活动是市场经济领域的经济活动，其主体是生产要素的拥有者与投入者，其目的是提供私人产品满足整个社会的私人个别需求。另一部分社会产品则以政治权力参与分配的形式分配给国家，通过政府的交换与消费活动参与整个社会的再生产过程。这种经济活动是政府经济领域的经济活动，其主体是国家，其目的是提供公共产品以满足整个社会的公共需要。这种以国家为主体的政府经济活动就是财政。

很明显，市场经济领域的经济活动和政府经济领域的经济活动是两种完全不同的经济活动。它们的主体不同、目的不同，运行规则也不相同。从主体来看，市场经济活动的主体是生产要素的拥有者和投入者，即现实经济生活中的企业和居民，而政府经济活动的主体则是政府。因此，作为一个完整的社会再生产活动，政府、企业和居民共同构成了社会经济活动的主体。从目的来看，市场经济活动的目的是提供私人产品满足社会的私人个别需求，而政府经济活动的目的则是提供公共产品满足社会的公共需求。作为一个完整的社会再生产活动，只有私人个别需求和社会公共需求同时得到满足，社会再生产才能够顺利进行。从运行规则看，市场经济活动具有竞争性和排他性的特征，而政府经济活动则具有非竞争性和非排他性的特征，从而形成了不同的规则。

2. 阶级性与公共性

财政是政府的经济活动，这种经济活动的主体是国家，其目的是提供公共产品以满足社会的公共需要。正因为如此，财政必然具有阶级性和公共性的双重特征。

从阶级性来看，财政是政府的经济活动，其主体是国家。而国家是统治阶级镇压被统治阶级的工具，政府则是执行和实现统治阶级意志的权力机构，财政作为政府的经济活动，必然要符合统治阶级的最高权益，政府必然要通过财政分配活动使统治阶级的最高利益最终得以实现。从这个意义上说，任何国家财政都具有阶级性，这是不容回避的。

从公共性来看，政府经济活动的阶级性并不能排斥政府经济活动的公共性。财政分配是公共性与阶级性的有机结合。国家政权的存在本身就是以执行某种社会职能为基础的，这种社会职能本身就具有公共性。例如国家的存在需要国防，需要军队保卫国家的安全，这种国家的安全和家族的安全、村落的安全完全不同。我们将为保卫家族或村落的安全所雇用的人称为保安，而将维护国家安全的人称为军队。国防保卫着每一名社会成员和整个国家的安全，本身就具有公共性。又如，国家的生存与发展需要良好的社会秩序，从而使社会成员都能够在这种良好的秩序中生存。这就必然需要一种凌驾于社会各种权力之上的公共权力，通过公共权力约束其他权力拥有者的社会行为，使其在社会秩序范围内行事。这种社会秩序是政府经济活动提供的，也具有明显的公共性。

从人类社会发展的进程来看，越来越多的产品逐步由市场经济领域提供转为由政府经济领域提供，这应当是一种趋势。公共产品的提供是社会的必然，不论这种公共产品数量的多少和范围的大小，而公共产品的提供又必然要求有财政活动，财政的公共性也就是必然的了。

3. 强制性与无偿性

强制性是财政的重要特征，这源于财政参与分配的依据是国家的政治权力。前文已指出，社会产品的提供必然通过市场经济领域和政府经济领域共同完成。市场经济领域的分配是社会产品的一般分配，分配的依据是生产要素的投入。生产要素的拥有者将自身拥有的生产要素投入生产过程中，进而凭借这种投入参与社会产品的分配。很明显，生产要素的拥有者对其所拥有的生产要素具有所有权，而所有权是市场经济领域中的重要权能。政府经济领域的分配是一种再分配，分配的依据是政治权力而非生产要素的投入。政治权力是一种强制性的权力，它必然凌驾于所有权之上。如果没有政治权力的强制性，任何物的所有者都不会将自己拥有的社会产品交由政府支配。

无偿性是财政的又一个重要特征，它与强制性是相辅相成的。国家凭借政治权力征税以后，相应的社会产品所有权即转为国家所有，国家不必为此付出任何代价，也不必直接偿还。这便是财政的无偿性，是价值单方面的转移和索取。事实上，正是由于财政具有无偿性特征，才需要强制性，强制性是无偿性的保证，没有强制性也就没有无偿性。由于社会产品的所有者将自身拥有的社会产品的一部分以税收的形式交付给政府以后，其所有权即转为政府所有，政府并不直接偿还。因此，必须有一种政治上的强制力，否则不会有任何人愿意将自己所有的社会产品转交给政府。应该说，财政无偿性的存在还源于公共产品本身提供的无偿性。由于公共产品具有不可分割的特点，人们享受公共产品的利益并不为其支付费用，因而公共产品提供的代价不可能通过有偿收费的方式弥补，这就要求提供公共产品要有稳定无偿的收入来源。社会成员缴纳税收时是无偿的，国家并没有直接偿还的义务，但纳税后当社会成员享受公共产品的利益时，也不需要为此付出代价。

4.平衡性

平衡性是财政一个十分重要的特征。财政的平衡就是要在社会经济运行中合理地安排财政收入与财政支出在量上的对比关系，使财政收入与财政支出之间保持相对的均衡。为满足财政支出的需要，财政收入应在一定的经济发展水平和一定的税收制度下做到应收尽收与收入的最大化。而财政支出则应考虑现时条件下财政收入的制约，不能脱离供给的可能为社会提供公共产品。这里，我们不仅必须考虑政府经济领域的财政收入与财政支出的平衡性，还必须与市场经济领域的运行相结合来考虑市场经济领域和政府经济领域整体上的平衡性。在一定时期内受多种因素的制约，社会产品总会有一个数量的限制，即一定量的社会产品如果政府经济领域配置过多，则市场经济领域的配置就会减少。既然政府经济领域与市场经济领域共同构成了社会完整的经济活动，就必须使两者相对均衡，并通过政府经济领域经济活动的安排使整个社会再生产保持相对均衡。

二、计划经济与国家财政

在我国，计划经济体制主要存在于中华人民共和国成立初期至改革开放的初期。在计划经济体制下，国家作为国有生产资料的所有者，直接控制着社会再生产过程。无论是政府经济领域的经济活动，还是市场经济领域的经济活动，都处于国家指令性计划的控制下。国家不仅作用于政府经济领域，而且完全作用于市场经济领域；不仅提供公共产品，而且提供私人产品。两个领域被统一在国家计划当中，事实上并不存在真正意义上的市场经济领域。财政则成为国家通过指令性计划为社会配置资源的重要工具：生产任务由国家计划下达，企业按国家指令性计划生产，所需生产资料由财政通过基本建设拨款无偿提供，生产所需流动资金由财政通过流动资金拨款全额拨付，生产的产品由国家包销，盈亏则由国家统负，所有利润上缴财政，出现的亏损由财政弥补。企业只是国家的附属生产单位，而不是独立的商品生产者实体。在长期的计划经济体制中，我们所习惯的财政，实际上是一种国家通过指令性计划控制整个社会经济活动和再生产全过程的财政。这种财政实际上是一种计划财政，其最大的特点就是不仅负责为政府经济活动配置社会资源，也为市场经济活动配置资源；不仅负责公共产品的提供以满足社会公共需要，而且负责私人产品的提供以满足社会私人的个别需要。

在市场经济中，"财政"或"公共财政"可称为"政府经济"。也就是说，政府所提供的只应是公共产品。这里所称的政府，既包括中央政府即国家（而且也只有中央政府才能代表国家），也包括地方政府。于是，就有了中央财政或国家财政及地方财政的称谓。相应地，国家财政又可称为国家经济。如果从整体经济出发，其运行总公式就可写成：宏观经济（整体经济）=政府经济＋市场经济。然而，在我国的计划经济时期，财政亦称国家财政，它不但是中央财政和地方财政的总称，也是计划经济体制下财政思想"国家分配论"的体现，这里既包括"公共财政"，也包括"私人财政"，其主要手段是计划，结果是"政企不分"，市场机制没能发挥作用，财政资金使用效率不高。

由此可见，市场经济体制下的"公共财政"与计划经济体制下的"国家财政"，无论是在财政思想上，还是在财政预算的范围、方法和手段上，都是有着本质区别的。

三、市场经济与公共财政

（一）市场经济与公共财政的关系

应当指出，"财政"这个词本身就已经具有公共性的特征。财政作为一种政府的经济活动，就是为了提供公共产品以满足社会公共需要而进行的分配活动。这种公共产品的提供事实上具有非竞争性与非排他性的特点，满足的需求也是一种社会的公共需要。因此，凡财政活动必然具有一定的公共性。从这个意义上说，财政与公共财政并没有本质的区别。公共财政是作为一种财政运行模式提出来的，在不同的经济运行模式下会有不同的经济运行机制，也会有不同的财政运行模式。同样，不同财政运行模式下的财政运行机制会有很大的区别。从这个意义上讲，公共财政的概念和公共财政模式下的财政运行机制与传统经济体制下的财政模式及其运行机制有着明显的区别。

公共财政可以看作与市场经济体制相适应的财政运行模式。在市场经济体制中，社会经济活动被区分为政府经济活动和市场经济活动两个性质完全不同的领域。在市场经济领域中的资源配置由市场在国家宏观调控下发挥基础性作用，在竞争性与排他性的作用下充分发挥市场资源配置高效率的特点，进而全面提高社会资源配置的效率。而财政主要在政府经济领域中发挥作用，为社会提供公共产品满足社会公共需要，同时通过财政政策的制定和运用，矫正市场失灵问题，协调社会再生产的顺利运行。因此，市场经济体制下的财政主要是为社会提供公共产品以满足社会公共需要的财政，是弥补和解决市场失灵的财政。如果说计划财政的领域不仅包括政府经济领域也包括市场经济领域，那么公共财政的领域则主要是政府经济领域。因此，可以说公共财政就是提供公共产品和弥补市场失灵的财政。

公共财政作为与市场经济体制相适应的财政模式，是一种以提供公共产品为手段，以满足公共需要为目标、以市场失灵为前提、以竞争性领域市场机制有效发挥作用为基础的财政模式，是一种与计划财政有明显区别的财政模式。我国在长期的计划经济体制下实行的是计划财政模式。在由计划经济体制向市场经济体制转轨的过程中，我国的财政模式也必然由计划财政模式向公共财政模式转轨，进而构建公共财政的基本框架。我国社会主义市场经济体制尚不完善，计划经济体制向市场经济体制的转轨还没有真正完成，我国的公共财政模式也还没有完全建立起来，还受到计划财政模式的影响，因此，构建与社会主义市场经济体制相适应的公共财政的基本框架，仍是我国目前和今后一段时期的重要任务。

（二）构建公共财政的基本思路

1. 建立符合公共财政要求的财政支出体系

社会公共需要是通过财政支出来满足的。从这个意义上说，建立公共财政支出体系应当是构建公共财政框架的基础环节。公共财政支出体系的构建必须以公共财政的职责为基础，以"公平优先，兼顾效率"为原则，以满足社会公共需要为目标。在此基础上，公共财政支出体系应涵盖支出范围和支出手段两个方面。

从公共财政支出范围来看，公共财政支出范围应当受公共财政基本职责的制约。在明确政府与市场关系的前提下，对公共财政基本职责范围内的经费必须给予保证。公共财政支出的重点应当主要包括国防和行政管理支出、社会公共事业支出、社会基础设施支出、社会保障支出及宏观调控支出等。上述各项支出有些是为了满足纯粹的社会公共需要，其资源只能由政府配置；也有一些虽然是混合产品，但具有较强的外部效应，具有社会再生产公共条件的含义，如果完全交由市场提供会出现问题，应由财政给予必要的配置；还有一些支出是为维系稳定和协调社会再生产顺利运行所必不可少的财政支出。

从公共财政支出手段来看，应当根据财政支出具体内容和性质上的差别加以灵活的选择；应当将财政购买性支出与转移性支出综合运用，将政府的经常性拨款与贴息、补贴、税收支出等手段综合运用，以发挥不同支出手段的不同作用。同时，在经费支出管理中充分运用政府采购和国库集中支付等手段，全面提高财政支出的效益。例如对国防、行政管理等纯公共产品的提供可以选择财政经常性拨款的方式，对于某些混合产品，如城市公共交通等可以采用财政补贴的方式予以补助，实行政府提供、市场生产。

2. 构建符合公共财政要求的公共财政收入体系

财政取得收入可以有不同的形式，财政以何种手段取得收入必须与公共财政的要求相适应。在计划经济体制中，政府不仅作用于政府经济领域的经济活动，而且直接控制和介入市场经济领域的经济活动。与此相适应，财政取得收入的主要形式实际上是国有企业上缴利润。这种形式本身的依据是国有生产资料的所有权而非国家的政治权力。进入市场经济体制之后，公共财政的主要职责转变为为社会提供公共产品以满足社会公共需要上来，这相应地必然要求财政收入的形式由凭借生产资料所有权的利润上缴形式，转变为凭借国家政治权力的税收形式。所谓与公共财政的要求相适应，就是指财政收入形式应当符合公共财政基本职责的要求，符合公共财政支出特点的要求。

公共财政模式下财政收入的形式可以有税收、规费和债务收入等，其中，税收应当成为公共财政模式下财政收入最主要和最基本的形式。这是因为，税收凭借国家政治权力征收，具有明显的强制性与无偿性的特点，具有法律上的权威性，所以最符合财政的特性。由于征收的无偿性，税收也最适合用于社会公共产品的提供，与公共财政的基本职责相符合。政府收费取得收入体现了政府提供的特殊服务与受益人之间的对应性，实际上体现了一种交换的关系，即政府为受益人提供非公共性的特殊服务，受益人为接受这种服务支付费用，形成了政府与受益人之间一对一的关系，这与税收是完全不同的。因此，政府收费绝不应该也不可能成为公共财政取得收入的主要形式。债务收入依据的是信用原则，国家以债务人的身份出现，通过有偿方式取得债务收入，因而债务收入是有偿的、自愿的。从这个意义上说，债务收入和财政强制与无偿的特性有明显的区别。因此，债务收入只能作为临时性收入，用以弥补因经常性收入不足而出现的财政赤字，而不可能也不应当成为公共财政模式下财政收入的主要形式。

与公共财政基本职责相适应，应当形成以税收为主要形式，辅以政府收费和债务收入的公共财政收入体系。

3.构建完善的财政宏观调控体系

公共财政除了为社会提供公共产品满足社会公共需要之外，还具有弥补市场失灵、协调社会再生产顺利运行的职责。因此，构建公共财政框架还必须建立起完善的财政宏观调控体系。

市场经济体制下政府对经济的调控与计划经济体制下政府对经济的调控完全不同。

在计划经济体制下，政府直接控制着整个社会的经济活动，不仅负责公共产品的提供，还负责私人产品的提供。政府经济活动与市场经济活动完全统一在国家的指令性计划当中，因此，根本不存在政府宏观调控的概念，或者说国民经济计划是政府控制经济运行的唯一手段。与此相适应，计划财政只是根据国家指令性计划为社会经济活动提供资金的工具。

在市场经济体制中，竞争性领域的资源配置由市场发挥基础性的作用。由于市场失灵的存在，市场在高效配置资源的同时也会出现问题，出现经济的周期性波动，这就需要政府对国民经济的运行进行干预，实施必要的宏观调控，而财政政策就是政府宏观调控国民经济运行的重要政策手段之一。政府运用财政政策对国民经济运行实行调控是公共财政区别于计划财政的重要内容之一。公共财政模式下的财政宏观调控体系主要由预算政策、税收政策、公共支出政策、政府投资政策、财政补贴政策及公债政策等组成，从而形成了完整的财政调控的政策体系。在上述各项政策当中，预算政策是财政宏观调控政策的核心，其他政策围绕和通过预算政策发生作用。财政通过预算政策合理安排财政收支的对比关系，形成预算结余或预算赤字，从而影响社会总供给和总需求，使国民经济保持相对均衡，使社会再生产得以顺利进行。其他政策则从不同的方面影响财政收入或财政支出，进而影响收支的对比关系，实现对国民经济的宏观调控。

四、财政的职能

（一）财政职能的内涵

职能应该是指某一范畴内在固有的功能，这种功能是该范畴内在的和固有的。也就是说，如果抽调了这种功能，该范畴就会转化为另一个范畴，只要是该范畴就必然存在这种内在固有的功能。职能与作用是两个不同的概念。作用可以看作该范畴的职能发挥出来后在客观上取得的效果，这种效果可以表现为很多具体的方面，而范畴的职能则相对抽象，并有其客观性。财政的职能应当看作财政这一范畴内在固有的功能，只要是财政，这种功能就会存在。如果抽掉了这种功能，财政也就不称其为财政了。财政的职能也不同于财政的作用，财政的作用可以是财政职能发挥出来后在现实经济生活中取得的效果。这种效果可以罗列出十几条甚至几十条，但财政的职能是抽象的。

财政的职能表现为财政范畴内在固有的功能，但这种内在固有的功能在不同的财政模式中会有不同的表现。也就是说，计划财政有计划财政的职能，公共财政有公共财政的职能。我们研究的是市场经济体制下公共财政的职能，这种研究必须以政府与市场的关系为基础。公共财政的职能与计划财政的职能是不同的，这是因为计划经济与市场经济的运行模式不同、经济运行机制不同，财政活动的领域也不相同。不区分计划财政与公共财政的差异，将计划经济下财政的职能简单套用在市场经济的公共财政中是不可取的。因此，研究公共财政的职能必须以市场经济体制中政府与市场的关系为基础，说明在市场经济体制所决定的政府与市场的关系下财政内在固有的功能。

财政的职能是相对抽象的，这种内在固有的功能本身并不存在好与坏和正与负的问题，而这种内在固有的功能在现实经济生活中发挥出来后取得的具体效果，即财政的作用却有好与坏之分。这就是说，财政的职能发挥出来后取得的效果可能是好的，也可能出现问题。如果把财政内在固有的功能看作内因，那么这种内因的发挥需要必要的外部条件。财政作为政府的经济活动，其分配必然受到政府主观决策的影响和制约。如果政府的主观决策符合客观要求，决策过程民主科学，则职能发挥的效果可以是正的；反之，如果政府的主观决策不符合客观要求，决策过程不够民主科学，则职能发挥取得的效果有可能是负的。无论是取得正的效果还是取得负的效果，都不会影响财政职能的分析。

在社会主义市场经济条件下，财政的职能主要有资源配置、收入分配和经济稳定与发展三个方面。

（二）资源配置职能

1. 资源配置的含义和必然性

所谓资源配置，是指有限的社会资源在不同经济领域、不同地区、不同产业、不同部门及不同行业间的分配比例。资源是短缺和有限的，因此，只有通过有限资源在不同经济领域、不同地区、不同产业、不同部门及不同行业分配比例的变化，才能达到社会资源的最佳配置，取得最大的资源配置效率。

资源配置问题是一个十分复杂的问题，无论是计划经济体制还是市场经济体制都存在资源配置问题，只不过在两种不同的经济体制中资源配置的方式有所不同。

在市场经济体制中，由于政府经济活动和市场经济活动都要消耗社会资源，社会资源必须被同时配置在政府经济和市场经济这两个领域当中，因此不仅市场具有资源配置的职能，财政也同样具有资源配置的职能。从整体上看，财政的资源配置与市场的资源配置是相辅相成的，两者资源配置的机制完全不同。市场必须为社会提供私人产品以满足整个社会的私人个别需求。在私人产品提供和私人个别需求满足的过程中，必然要消耗社会资源，因此，一部分社会资源必须通过市场机制在竞争性领域中配置，而市场在资源配置中通过竞争性与排他性的机制可以得到较高的效率。这也是经济学家提出的帕累托效率或称帕累托最优理论的应有之义。但是，帕累托最优在竞争性领域中的实现需要一定的条件：一是要求采用当时最优的生产技术，二是要求不同产品的消费上的边际替代率必须相等，三是要求消费上的边际替代率与生产上的边际转化率必须相等。从理论上说，在完全竞争的市场经济中，通过竞争机制的作用和利润最大化目标的追求，市场经济有可能实现帕累托最优。但在现实中，不仅完全竞争的市场经济并不存在，而且还存在着垄断、信息不充分、外部效应等导致出现市场失灵的因素，因此，完全靠市场达到帕累托最优是不可能的，也就是说社会资源完全靠市场配置是不可能的。

在市场经济条件下，一部分社会资源必须由财政配置，财政必然具有内在的资源配置职能。首先，公共产品的提供要求一部分社会资源必须由财政配置，政府经济活动就是要为社会提供公共产品以满足社会的公共需要。由于公共产品具有非竞争性和非排他性的特点，具有较为明显的外部效应，在公共产品提供的过程中，不存在自身等价交换的补偿机制，因此，公共产品在一般情况下不可能依靠市场提供，市场机制在公共产品资源配置中不起作用。在这种情况下，公共产品的提供只能依靠财政。政府通过财政分配活动为公共产品配置相应的社会资源。财政为公共产品配置资源是必然的，如果财政给公共产品配置的资源不足，而市场又不能配置，则会导致整个社会公共产品的短缺，出现财政缺位的现象。

其次，弥补市场失灵也需要一部分社会资源由财政配置。市场在竞争性领域中的资源配置是高效率的，但市场在资源配置中存在着市场失灵，可能会出现社会资源的损失和浪费、社会再生产过程的垄断、通货紧缩和通货膨胀、市场价格信息的扭曲及社会收入分配的不公等现象。因此，需要政府对市场经济领域进行干预，矫正市场的失灵。例如通过财政补贴矫正正的外部效应、通过收费矫正负的外部效应、通过财政政策的制定和实施调节社会总供给与社会总需求的平衡等，这就是财政对一部分社会资源的配置。

应当指出的是，财政的资源配置职能并不能替代市场对资源的配置。在一般情况下，财政应当尽量减少直接对市场经济领域的资源配置，从而在竞争性领域中让市场在国家宏观调控下在资源配置中起基础性作用。财政在竞争性领域中资源配置的力量越强，则市场机制就越弱，这将极大地破坏市场对资源的配置，降低社会资源的配置效率。财政资源配置的领域主要是政府经济领域，在竞争性领域中，财政只能矫正市场的失灵而不应成为资源配置的主体，不能让财政超越市场成为资源配置最重要的方式。税收理论中的税收中性原则说明的就是这个道理。这也是公共财政与计划财政的最大区别。

2. 财政资源配置智能的实现机制和手段

（1）预算手段

运用预算手段是指通过国家预算合理安排财政收入和财政支出的规模，确定财政收入和财政支出占国内生产总值（GDP）的比重，合理地确定财政赤字或结余，进而影响社会总供给和总需求的相对均衡，保证社会再生产的顺利进行。国家预算是财政安排资源配置最基本的手段。

（2）收入手段

运用收入手段是指以下方面：合理地安排财政收入的数量和收入的形式，确定财政占有社会产品的规模；完善税收制度和税收的征收管理，协调流转税和所得税之间的关系，发挥它们不同的作用；规范政府的收费行为，合理地确定税收与收费之间的比例关系；协调公债的发行规模，选择合理的公债发行方式与偿还方式，完善公债市场，发挥公债的作用。组织财政收入的过程也就是政府占有社会产品的过程，运用财政收入手段能够为财政配置社会资源提供基础和保证。

（3）支出手段

合理地安排财政支出是财政配置社会资源的主要手段。运用支出手段是指以下方面：合理地安排财政支出规模，进一步优化财政支出结构，通过财政支出结构的优化和调整实现财政资源配置结构的优化；应将财政支出的重点逐步转移到提供公共产品以满足社会公共需要上来；合理地确定购买性支出与转移性支出的比重，合理地确定投资性支出与消费性支出的比重；综合运用政府投资、公共支出、财政补贴、政府贴息、税收支出等多种支出形式，全面实现财政资源配置的优化。

（4）提高财政资源配置的效率

财政的资源配置无疑应当坚持"公平优先，兼顾效率"的原则，必须强调财政资源配置在维系社会公平中不可替代的作用，但公平优先不意味着放弃效率。在公平优先的原则下，必须兼顾财政资源配置的效率，既要注意财政资源配置的社会效率，也要注重财政资源配置自身的效率，应当针对不同性质的财政支出，运用不同的方法对支出效率进行分析和评价。

（5）合理安排政府投资的规模和结构，保证国家的重点建设

政府投资规模和结构主要是指预算内投资规模和结构，应保证重点建设，这在产业结构调整中起着重要作用，这种作用对发展中国家有着至关重要的意义。过去一段时间内，我国预算内投资占全社会投资比重过低，公共设施和基础设施发展滞后对经济增长形成了"瓶颈"制约，自实施积极财政政策以后大有改观，今后仍然必须从财力上保证具有战略性的国家重大建设工程，但切忌越俎代庖，排挤市场作用。

（三）收入分配职能

1.收入分配职能的含义和必然性

财政收入分配职能，是指通过财政分配活动实现收入在全社会范围内的公平分配，将收入差距保持在社会可以接受的范围内。收入分配职能是财政的最基本和最重要的职能。在社会再生产过程中，既存在着凭借生产要素投入参与社会产品分配所形成的社会初次分配过程，也存在着凭借政治权力参与社会产品分配所形成的社会再分配过程。初次分配是市场经济领域的分配活动，财政再分配则是政府经济领域的分配活动。两个领域收入分配的原则与机制是完全不同的，在收入分配中如何处理公平与效率的关系也不相同。

市场经济领域中的初次分配，贯彻的是"效率优先，兼顾公平"的原则。

在一般情况下，我们对公平的理解主要是社会产品分配结果的公平。但结果的公平，受制于起点的公平和规则及过程的公平。没有起点的公平和规则及过程的公平，不可能真正实现结果的公平。市场经济坚持效率优先的原因在于以下两方面：首先，市场经济中的初次分配依据的是生产要素的投入，生产要素的拥有者将自身拥有的生产要素投入到生产过程之中，并凭借这种生产要素的投入参与生产结果的分配。而社会成员对生产要素拥有的数量与质量都不相同，这种起点的不同必将影响到结果分配的不同，这实际上就是起点的不公平。在这种情况下，市场经济领域的初次分配不可能强调结果分配的公平，市场经济有可能做到规则和过程的公平，但无法做到结果的公平。如果市场经济刻意追求结果的公平，就不存在按生产要素投入的分配。其次，市场经济具有竞争性。在竞争性的作用下，资源利用效率比较低的企业有可能通过破产机制被淘汰，其利用的资源也会向资源利用效率较高的企业集中。这种竞争对市场主体来说是生与死的竞争。在生与死的竞争压力下，市场经济主体必须提高资源利用效率，将效率放在首位，没有一定的效率就没有生存的机会。

正因为如此，市场经济领域中的初次分配必然存在收入分配的差异，出现收入分配差距的拉大，这是市场经济本身无法避免的。从某种意义上说，这种收入分配差距的拉大具有进步意义，它可以刺激社会资源配置效率的提高，促进市场经济竞争力的增强。但是，从全社会范围看，收入分配差距如果过大，结果的不公平如果过于严重，会直接影响到社会的稳定。因此，社会收入分配不公是导致社会不稳定的重要因素。财政的收入分配职能就是通过财政的再分配活动，压缩市场经济领域出现的收入差距，将收入差距控制在社会可以接受的范围内。财政再分配必须坚持"公平优先，兼顾效率"的原则，将社会公平放在第一位，调整市场经济初次分配过程中出现的过大的收入分配差距，进而实现社会的稳定。这种以公平优先为原则的收入分配是市场经济本身无法实现的，这是因为：第一，财政参与社会产品分配的依据并不是生产要素的投入，而是国家的政治权力，政治权力对每一个社会成员来说都是共同的，这就使得财政分配的起点比较公平；第二，国家政治权力是强制的，强制取得的收入就应当无偿用于全体社会成员；第三，财政提供的是公共产品，满足的是社会公共需要，而公共需要是全体社会成员无差别的需要，表现出明显的公共性；第四，财政分配的主体是国家，国家和政府的出发点与市场的出发点有明显的区别，市场应更多地考虑竞争和生存，而国家和政府则应更多地考虑社会的稳定。从这个意义上说，财政收入分配职能是不可替代的重要职能，在维系社会稳定和保证社会成员共同富裕方面发挥着重要的作用。

2. 财政收入分配职能的实现机制和手段

（1）区分市场分配和财政分配的界限

在一般情况下，属于市场经济领域的分配，应交由市场初次分配去完成，应当承认市场初次分配中收入分配差距拉大的合理性，以促进市场资源配置效率的提高，进而提升整个社会经济活动的效率。属于政府经济领域的收入分配，则应由财政完成，通过提供公共产品来全面提升全体社会成员的福利，实现收入分配公平。

（2）制定法律保证规则和过程的公平

在市场经济体制中，政府应当起到裁判员的作用。市场经济是存在竞争的，但竞争应当是有秩序的，这种市场竞争的秩序主要应通过政府制定竞争规则来实现。市场经济本身无法做到起点的公平，但政府必须通过规则的制定，保证市场经济规则和过程的公平。竞争规则制定之后，对每一位市场竞争主体都是一视同仁的、都是公平的，从而从根本上杜绝了依靠弄虚作假、行贿受贿、价格双轨制等不正常手段获取暴利。

（3）加强税收调节

税收调节是从收入角度调节社会收入分配的重要手段。市场经济在竞争的作用下必然出现收入分配差距的拉大，政府应当承认这种差距的合理性，但政府不能任由这种收入分配差距拉大。政府可以通过税收对各方的收入进行调节。财政既可以通过间接税调节各类商品的价格，从而调节各种生产要素的收入，也可以通过累进个人所得税调节社会成员的收入水平，对较高收入群体课以较高的税，体现出区别对待的政策。

（4）规范工资制度

这里是指由国家预算拨款的政府机关公务员的工资制度和视同政府机关的事业单位职工的工资制度。凡应纳入工资范围的收入都应纳入工资总额，取消各种明补和暗补，提高工资的透明度；实现个人收入分配的货币化和商品化；适当提高工资水平，建立以工资收入为主、工资外收入为辅的收入分配制度。

（5）完善转移支付体系

通过转移支付制度调节社会收入分配是财政的支出政策。一般理论认为，支出政策在调节收入分配中比收入政策更为有效，副作用更小。财政可以通过社会保障制度建设、发放失业救济金、制定城市最低生活费制度、进行住房补贴等方式，加大对低收入群体的支持，使其能维持一般的生活水平，从而维系整个社会的稳定，提升全体社会成员的福利。应当指出，财政收入分配职能旨在实现收入在社会范围内的公平分配，将收入分配差距控制在社会可以接受的范围内，而绝不意味着社会财富的平均分配，不能把公平理解为绝对的平均。对现实经济生活中出现的收入分配差距拉大的情况，应当做具体的分析。

（四）稳定与发展职能

1.稳定与发展职能的含义及必要性

稳定与发展职能，也可以称为财政的宏观调控职能，是指利用财政政策通过财政活动矫正市场失灵，引导社会力量共同参与社会治理，进而保证社会总供给与总需求的相对均衡，促进社会再生产协调运行，推进经济、政治、文化、社会、生态"五位一体"建设，促进社会各地区协同发展。社会再生产的协调运行，实际上也就意味着整个国民经济的稳定与发展。财政的稳定与发展职能跟财政的资源配置职能和收入分配职能不同，财政的资源配置职能和收入分配职能是两个基本的职能，而稳定与发展职能则是建立在这两个职能充分发挥作用的基础上的派生职能。这就是说，稳定与发展职能是在资源配置与收入分配职能发挥的过程中实现的，没有资源配置和收入分配职能的发挥，就没有稳定与发展职能的实现。如果说资源配置职能与收入分配职能是在微观领域发生作用的话，稳定与发展职能则更多的是在宏观领域中发挥作用。

经济稳定通常包括充分就业、物价稳定和国际收支平衡三个方面，这三个方面都会影响社会总供给和社会总需求的平衡。在一般情况下，如果做到充分就业、物价稳定和国际收支平衡，社会总供给和总需求之间就是相对均衡的，社会再生产就可以顺利进行，整个国民经济也就相对稳定。充分就业并非指就业人口的全部就业，而是指可就业人口就业率达到社会经济状态可以承受的最大比率。如果没有达到这一状态，社会上就存在非自愿失业，则应扩大需求，使总产出增加到与充分就业状态下生产出来的产值相适应的程度。物价稳定并非意味着物价绝对不动，而是指物价上涨幅度维持在不影响社会经济正常运行的范围内。如果存在通货膨胀，则应减少社会需求，使总产出减少到与按目前价格水平计算的产值相适应的程度。如果充分就业与物价稳定都能实现，就应当保持这种总产出的水平。另外，还应当看到总供给与总需求的平衡，不仅会受国内因素的影响，在开放的社会中还受国际收支的影响。因此，在开放社会中，一国的经济往来应维持经常性收支项目的大体平衡。

与经济稳定相联系的另一个概念是发展。社会再生产不仅要稳定，还要不断地发展。发展的概念包括经济增长在内，但其内涵比经济增长更丰富。经济发展不仅涉及社会产品和劳务数量的增加，还意味着与经济增长相适应的各种社会条件，包括社会政治条件、经济条件和文化条件的变化。在现实生活中，经济发展不仅涉及 GDP 的增长，还涉及诸如受教育程度、医疗保障程度、消除贫困、解决失业问题和社会收入分配不公问题等。

2. 稳定与发展职能的实现机制和手段

（1）确定宏观调控的整体目标

经济稳定与发展的整体目标，应当是社会总供给和社会总需求之间的相对均衡。在社会总供给和社会总需求相对均衡的状态下，物价水平一般比较稳定，失业率被控制在可以接受的范围内，是一种国民经济正常运行的良好状态。如果总供给与总需求相对均衡的状态被打破，则需要财政政策加以必要的宏观调控。如果总供给大于总需求，说明社会有效需求不足，充分就业无法实现，国民经济出现紧缩的局面，此时应当通过财政政策刺激总需求的增加，从而使总供给与总需求在新的高度上达到新的相对均衡；如果总供给小于总需求，说明社会有效需求过旺，物价稳定无法实现，国民经济出现通货膨胀的局面，此时应当通过财政政策降低社会总需求，使社会总供给与总需求达到新的均衡。

（2）确定实现宏观调控目标的财政工具

财政政策可以分为扩张性、紧缩性和中性三种类型。扩张、紧缩和中性都是相对于需求而言的。扩大社会总需求的政策称为扩张性财政政策，一般在通货紧缩时使用；减少社会总需求的政策称为紧缩性财政政策，一般在通货膨胀时使用；既不扩张也不紧缩的政策称为中性财政政策，一般在稳定时采用。财政政策工具可以包括预算工具、税收工具、政府投资工具、公共支出工具及公债工具等，这些工具有其发生作用的不同机制，应当有选择地配合使用。

（3）通过投资、补贴和税收等多方面安排

加快农业、能源、交通运输、邮电通信等公共设施的发展，消除经济增长中的"瓶颈"，并支持第三产业的兴起，加快产业结构的转换，保证国民经济稳定与高速的最优结合。

（4）财政应切实保证非生产性社会公共需要

为社会经济发展提供与平和安定的环境，治理污染，保护生态环境，提高公共卫生水平，加快文教的发展，完善社会福利和社会保障制度，使增长与发展相互促进、相互协调。

第二节　税收基本原理

一、税收的含义

税收是国家为满足社会公共需要，凭借其政治权力，运用法律手段，按法律规定的标准，强制、无偿地参与国民收入分配，取得财政收入的一种方式。它是各国政府取得财政收入的最基本形式。

税收属于分配范畴，这是税收的基本属性。税收的分配主体是国家。税收是最早出现的一个财政范畴，它是随着国家的产生而产生的。税收与国家的存在有本质的联系，正如马克思所说，"赋税是政府机器赖以存在并实现其职能的物质基础，而不是其他任何东西""国家存在的经济体现就是捐税"。税收是以国家为主体进行的分配，而不是社会成员之间的分配，由国家将一部分社会产品集中起来，再根据社会公共需要，通过财政支出分配出去。国家满足社会公共需要是面向整个社会公众的，它所带来的利益并不局限于个别社会成员。在征税过程中，居于主体地位的总是国家，纳税人处于从属地位。

税收征收依据的是国家政治权力。在对社会产品的分配过程中，存在着两种权力：一种是财产权力，也就是所有者的权力，即依据对生产资料和劳动力的所有权取得产品；另一种是政治权力，依据这种权力把私人占有的一部分产品变为国家所有，这就是税收。税收是一种特殊的分配，之所以特殊，就在于它是凭借国家政治权力而不是凭借财产权力实现的分配。国家征税不受所有权的限制，对不同所有者普遍适用。

征税须运用法律手段，按法律规定来进行。征税行为和程序本身也应当以税收法律法规为准绳。各国税法按照其基本内容和效力不同，分为税收基本法和税收普通法；按照税收职能作用的不同，分为税收实体法和税收程序法。它们都在不同层面规范征纳双方的行为。

二、税收的形式特征

税收的形式特征，通常被概括为"税收三性"，即税收作为一种分配形式，同其他分配形式相比，具有强制性、无偿性和固定性的特征。这是税收这种财政收入形式区别于其他财政收入形式的基本标志。

（一）税收的强制性

税收的强制性，是指税收的征收凭借的是国家的政治权力，是通过国家法律形式予以确定的。纳税人必须根据税法的规定照章纳税，违反的要受到法律制裁。税收的强制性表现为国家征税的直接依据是政治权力而不是生产资料的直接所有权，国家征税是按照国家意志依据法律来征收的，而不是按照纳税人的意志自愿缴纳的。税收的强制性，要求将征税主体和纳税主体全部纳入国家的法律体系之中，实际上是一种强制性与义务性的结合。

（二）税收的无偿性

税收的无偿性，是指税收是价值的单方面的转移（或索取），是指国家取得税收收入既不需要偿还，也不需要对纳税人付出任何代价。正如列宁所说："所谓赋税，就是国家不付任何报酬而向居民取得东西。"税收的这种无偿性特征，是针对具体的纳税人而言的，即税款缴纳后和纳税人之间不再有直接的返还关系。税收的无偿性使得国家可以把分散的财力集中起来统一安排使用，满足国家行使其职能的需要。然而，国家征税并不是最终目的，国家取得税收收入还要以财政支出的形式用于满足社会公共需要。每个纳税人都会或多或少地从中取得收益，尽管其所获收益与所纳税款在量上不对等。因此，税收的无偿性也不是绝对的，从长远看，是"取之于民，用之于民"的。

（三）税收的固定性

税收的固定性，是指征税要依据国家法律事先"规定"的范围和比例，并且这种"规定"要有全国的统一性、历史的连续性和相对的稳定性。国家在征税前就要通过法律形式，预先规定课征对象和征收数额之间的数量比例，把对什么征、对谁征和征多少固定下来，不经国家批准不能随意改变。税收的固定性还有征收的连续性的含义，即国家通过制定法律来征税，就要保持它的相对稳定性，而不能"朝令夕改"，这样有利于纳税人依法纳税。当然，对税收固定性的理解也不能绝对化，随着社会生产力和生产关系的发展变化、经济的发展，以及国家利用税收杠杆的需要，税收的征收对象、范围和征收比例等不可能永远固定不变，只是在一定时期内稳定不变。因此，税收的固定性只能是相对的。税收的固定性有利于保证国家财政收入的稳定，也有利于维护纳税人的法人地位和合法权益。

税收的三个形式特征反映了一切税收的共性，它不会因社会制度的不同而有所改变。税收的三个基本特征是密切联系的、是统一的、是缺一不可的。税收的强制性，决定着征收的无偿性，因为如果是有偿的话就无须强制征收。而税收的无偿性，必然要求征税方式的强制性，因为国家征税，收入即归国家所有，不直接向纳税人支付任何报酬，一般而言，纳税人不能做到自愿纳税，必须要求其依法纳税。强制性和无偿性又决定与要求税收征收具有固定性，既然征税是强制的，就不能没有限度，否则将变成滥征，会引起纳税人的强烈不满，严重的会影响一个国家政权的稳定。

三、税制构成要素

（一）纳税人

纳税人是税法规定的直接负有纳税义务的单位和个人，是纳税的主体。纳税人可以是自然人，也可以是法人。所谓自然人，又分为居民纳税人和非居民纳税人。他们以个人身份来承担法律规定的纳税义务。所谓法人，是指依法成立并能独立行使法定权利和承担法律义务的社会组织，也分为居民企业和非居民企业。法人一般应当具备的条件有以上四个：一是依法成立；二是有必要的财产和经费；

三是有自己的名称、组织机构和场所；四是能够独立承担民事责任。法人可以包括全民所有制企业、集体所有制企业、中外合资企业、中外合作经营企业和外资企业等，除此以外，还可以包括机关、事业单位和社会团体法人等。

与纳税人相关的概念有两个：负税人和扣缴义务人。负税人是最终负担税款的单位和个人，它和纳税人之间的关系非常密切。在纳税人能够通过各种方式把税款转嫁给别人的情况下，纳税人只起了缴纳税款的作用，纳税人并不是负税人。如果税款不能转嫁，纳税人同时就又是负税人。为有利于征收管理，有些税款由向纳税人取得收入或支付款项的单位代扣代缴，这些按税法规定负有扣缴税款义务的单位和个人，称为扣缴义务人。

（二）课税对象

课税对象又称征税对象，是指税法规定的征税的目的物，是征税的根据。课税对象是一种税区别于另一种税的主要标志。

课税对象与税目关系密切，税目是课税对象的具体化，反映具体的征税范围，体现了征税的广度，一般通过确定税目划定征税的具体界限，凡列入税目者征税，不列入税目者不征税。通过这种分类便于贯彻国家的税收政策，即对不同的税目进行区别对待，制定高低不同的税率，为一定的经济政策目标服务。

与课税对象相关的另一个概念是税源，税源是指税收的经济来源或最终出处。有的税种的课税对象与税源是一致的，如所得税的课税对象和税源都是纳税人的所得，有的税种的课税对象与税源是不一致的，如财产税的课税对象是纳税人的财产，而税源往往是纳税人的收入。课税对象解决对什么征税的问题，税源则表明纳税人的负担能力。由于税源是否丰裕直接制约着税收收入规模，因而积极培育税源始终是税收工作的一项重要任务。

（三）税率

税率是税额与课税对象数额之间的比例。税率是计算税额的尺度，反映征税的深度。在课税对象既定的条件下，税额的大小决定于税率的高低。税率是税收制度的中心环节，税率的高低直接关系到国家财政收入和纳税人的负担，是国家税收政策的具体体现。

1. 我国现行税率的类型

（1）比例税率

比例税率是对同一课税对象，不论其数额大小，统一按一个比例征税，它一般适用于对流转额的课税。在比例税率下，同一课税对象的不同纳税人的负担相同，因而该税率具有鼓励生产、调动生产者积极性、有利于税收征管的优点。比例税率的缺点是有悖于量能负担原则，对调节个人所得的效果不太理想。

（2）累进税率

累进税率是就课税对象数额的大小规定不同等级的税率。课税对象数额越大，税率越高。实行累进税率，可以有效地调节纳税人的收入，一般适用于对所得税的征收。累进税率按累进程度不同又分为全额累进税率和超额累进税率两种。

（3）定额税率

定额税率是指按单位课税对象直接规定一个固定税额，而不采取百分比的形式，如资源税，直接规定每吨税额为多少或每升税额为多少；又如土地使用税，按使用土地的面积规定每平方米税额为多少，它实际上是比例税率的一种特殊形式。定额税率和价格没有直接联系，它一般适用于从量定额征收，因而又称为固定税额。定额税率在计算上更为便利，但是由于它是基于一个固定的数额，随着税基规模的增大，纳税的比例变小，故此税率具有累退的性质。对纳税人来说，税负不尽合理，因而该税率只适用于特殊的税种。

2. 课税依据

课税依据是指国家征税时的实际依据。国家征税时出于政治和经济政策考虑，并不是对课税对象的全部进行课税，往往允许纳税人在税前扣除某些项目。课税依据的设计一般要考虑课税对象的性质、课税目的及社会环境等多种因素。

3. 课税基础

课税基础又简称为"税基"，是指确立某种税或一种税制的经济基础或依据。它不同于课税对象，如商品课税对象是商品，但其税基则是厂家的销售收入或消费的货币支出；它也不同于税源，税源总是以收入的形式存在，但税基却可能是支出。税基的选择是税制设计的重要内容，它包括两个方面的问题：一是以什么为税基，现代税收理论认为以收益、财产为税基是合理的，但也有一种观点认为以支出为税基更为科学。二是税基的宽窄问题，税基宽则税源多，税款多、但有可能对经济造成较大的副作用；税基窄则税源少、税款少，但对经济的不利影响也较小。

4.附加、加成和减免税

纳税人负担的轻重，主要是通过税率的高低来调节的，但除此之外，还可以通过附加、加成和减免税等措施来调整纳税人的负担。

附加和加成是属于加重纳税人负担的措施。附加是在正税以外附加征收的一部分税款。通常把按国家税法规定的税率征收的税款称为正税，而把在正税以外征收的附加称为副税。加成是加成征税的简称，是对特定纳税人的一种加税措施，有时为了实现某种限制政策或调节措施，对特定的纳税人实行加成征税，加一成等于加正税税额的 10%，加两成等于加正税税额的 20%，以此类推。属于减轻纳税人负担的措施有减税、免税及规定起征点和免征额。减税就是减征一部分税款。免税就是免缴全部税款。减免税是为了发挥税收的奖限作用或照顾某些纳税人的特殊情况而做出的规定。起征点是对税法规定的课税对象开始征税的最低界限。对未达到起征点的课税对象不征税；但达到或超过起征点时，对全部课税对象都要征税。免征额是课税对象中免于征税的数额。起征点和免征额有相同点，即当课税对象小于起征点和免征额时，都不予征税。二者也有不同点，即当课税对象大于起征点和免征额时，采用起征点制度的要对课税对象的全部数额征税，采用免征额制度的仅对课税对象超过免征额的部分征税。在税法中规定起征点和免征额是对纳税人的一种照顾，但二者照顾的侧重点不同，起征点照顾的是低收入者，免征额则是对所有纳税人的照顾。

税法具有严肃性，而税收制度中关于附加、加成和减免税的有关规定则把税收法律制度的严肃性和必要的灵活性密切地结合起来，使税收法律制度能够更好地因地、因事制宜，贯彻国家的税收政策，发挥税收的调节作用。

5.违章处理

违章处理是对纳税人违反税法行为的处置，对维护国家税法的强制性和严肃性有重要意义。

纳税人的违章行为通常包括偷税、抗税、骗税、逃税、欠税等不同情况。其中，偷税、抗税、骗税、逃税一般为违法行为。偷税是指纳税人有意识地采取非法手段不缴或少缴税款的违法行为。抗税是指纳税人以暴力、威胁等方法对抗国家税法拒绝纳税的违法行为。骗税是指纳税人采取对所生产或经营的商品假报出口等欺骗手段骗取国家出口退税款的行为。逃税是指纳税人故意或无意采用非法手段减轻税负的行为，包括隐匿收入、虚开或不开相关发票、虚增可扣除的成本费用等方式。欠税即拖欠税款，是指纳税人不按规定期限缴纳税款的违章行为。对纳税人的违章行为，可以根据情节轻重的不同，分别采取不同的方式进行处理，如批评教育、强行扣款、加收滞纳金、罚款、追究刑事责任等。

四、税收分类

（一）按课税对象的性质分类

按课税对象的性质分类，可将我国现行税种分为流转课税、所得课税、资源课税、财产课税和行为课税五大类，这是常用的分类方法。

1. 流转课税

流转课税又称商品课税，是指以商品交换或提供劳务的流转额为课税对象的税类。流转课税的经济前提是商品生产和交换，其计税依据是商品销售额或营业收入额等。属于流转课税的税种包括增值税、消费税和关税等。流转课税是目前大多数发展中国家普遍采用的一种税，并且在税收总额中占较大比重。在我国，流转课税是主体税种，是我国目前最大的税类。

2. 所得课税

所得课税又称收益课税，是指以所得（或收益）额为课税对象的税类。所得课税可以根据纳税人的不同分为对企业所得课税和对个人所得课税两大类，前者称为企业所得税，后者称为个人所得税。我国目前开征的所得税主要有企业所得税、个人所得税等。

3. 资源课税

资源课税是以自然资源为课税对象的税类。该税种能够对从事自然资源开发的单位和个人所取得的级差收入进行适当的调节，以促进资源的合理开发和使用。由于级差收入也是一种所得，因此有些国家也将资源课税并入所得课税。目前，我国的资源课税有资源税、耕地占用税和土地使用税等。

4. 财产课税

财产课税是指以纳税人拥有或支配的财产为课税对象的税类。我国目前开征的房产税、契税、车船税等，就属于财产课税。西方国家有一般财产税、遗产税、赠与税等。

5.行为课税

行为课税是指以纳税人的某种特定行为为课税对象的税类。开征这类税一方面可以增加财政收入；另一方面，可以通过征税对某种行为加以限制或加强管理监督。我国现行属于行为课税的有印花税、证券交易税、城市维护建设税等。

（二）按税收与价格的关系分类

按税收与价格的关系分类，可将税收分为价内税与价外税。凡税金构成价格组成部分的，属于价内税；凡税金作为价格以外附加的，则属于价外税。与之相适应，价内税的计税价格称为含税价格；价外税的计税价格称为不含税价格。西方国家的消费税大都采用价外税的方式。我国的流转课税以价内税为主，但现行的增值税采用价外税。

（三）按税负能否转嫁分类

按税负能否转嫁，可将税收分为直接税与间接税。凡是税负不能转嫁的税种，属于直接税。在直接税下，由纳税人直接负担各种税收，纳税人就是负税人。如所得税和财产税属于直接税，税负不能转嫁。凡是税负能够转嫁的税种，属于间接税。在间接税下，纳税人能将税负转嫁给他人，纳税人不一定是负税人。如以商品为课税对象的消费税等属于间接税，税负能够转嫁。一般认为，在市场经济条件下由于实行市场价格，存在税负转嫁问题，但税负转嫁取决于客观的经济条件。

（四）按税收的计量标准分类

按税收的计量标准分类，可将税收分为从价税与从量税。从价税是以课税对象的价格为计税依据的税类，从量税是以课税对象的数量、重量、容积或体积为计税依据的税类；如目前我国开征的资源税、车船税和部分消费品的消费税等。从价税的应纳税额随商品价格的变化而变化，能够贯彻合理负担的税收政策，因而大部分税种都采用这一计税方法。从量税的税额随课税对象数量的变化而变化，具有计税简便的优点，但税收负担不能随价格高低而增减，不尽合理，因而只有少数税种采用这一计税方法。

（五）按税收的管理权限分类

按税收的管理权限分类，可将税收分为中央税、地方税和中央与地方共享税。中央税是指由中央管辖课征并支配的税种，如我国目前开征的消费税、关税等；地方税是指由地方管辖课征并支配的税种，如我国目前开征的房产税、车船税、耕地占用税等。中央税与地方税的划分在不同国家有所不同。有些国家（如美国）的地方政府拥有税收立法权，可以自行设立税种，并对设立的税种有开征、停征及税率调整权，这种税显然是地方税；而中央政府开征的税种属于中央税。有些国家的税种由中央政府统一设立，但根据财政管理体制的规定，为了调动地方的积极性，将其中一部分税种的管辖权和使用权划给地方，称为地方税；而归中央管辖和使用的税种属中央税。此外，有的国家还设立共享税，其税收收入在中央与地方之间按一定比例分成。我国目前就属于这种情况，如我国目前开征的增值税、资源税、证券交易税等就属于中央与地方共享税。

（六）以征收实体为标准分类

以征收实体为标准分类，可将税收分为实物税和货币税两大类。实物税是以实物形式缴纳的各种税收，是自然经济社会税收的主要分配形式。历史上奴隶社会的"布帛之征""粟米之征"都是实物税的具体形式。货币税是以货币形式缴纳的各种税种，是商品经济社会税收的基本分配形式。当今世界各国的税收分配都主要采用货币形式。

五、税收原则

（一）税收的公平原则

税收的公平原则是指国家征税要使纳税人承受的负担与其经济状况相适应，并使纳税人之间的负担水平保持平衡。税收的公平原则包括普遍征税和平等征税两个方面。所谓普遍征税，通常是指征税遍及税收管辖之内的所有法人和自然人。所谓平等征税，通常是指国家征税的比例或数额与纳税人的负担能力相称。那么如何来衡量税收是否公平呢？衡量税收公平的标准主要有以下三条：

1. 量能负担原则

量能负担原则要求按照人们的负担能力来分担税收，通常用收入水平来衡量人们的负担能力，按照人们收入的多少进行课税。根据这一原则，所得多、负担能力强的人多纳税，所得少、负担能力弱的人少纳税。普遍征税是征税的一个基本前提，但政府征税的一个目的，就是通过政府支出改善人们的生活条件和生活环境，提高人们的生活水平，所以对那些负担能力弱或没有负担能力的人，为了保证其基本生活需要，政府不应向其征税。而且，在一定条件下政府要通过财政转移支付，向他们提供必要的生活补助。

2. 机会均等原则

机会均等原则要求按企业或个人获利机会的多少来分担税收。获利机会多的企业和个人多纳税，获利机会相同的企业或个人缴纳相同的税。企业或个人获利机会的多少是由他拥有的经济资源决定的，包括人力资源、财力资源和自然资源等。对这些资源在占有方面的差异，使得一部分企业或个人在市场竞争中处于有利地位，而另一部分企业或个人则处于不利地位。处于有利地位者可以凭借其各种经济优势，扩大市场占有份额甚至垄断市场，妨碍市场竞争，降低资源配置效率。因此，国家应当通过适当的税收政策调节、改变以至消除由于资源占有状况的不同而形成的不平等竞争环境，使竞争者大致站在同一起跑线上展开公平竞争。

3. 受益原则

受益原则要求按纳税人在政府公共支出中受益程度来分担税收。根据这种标准，从政府公共服务中享受相同利益的纳税人，意味着具有相同的福利水平，因此，他们应负担相同的税，以实现横向公平；享受到较多利益的纳税人，具有较高的福利水平，这就是说，他们应负担较高的税，以实现纵向公平。因此，谁受益谁纳税、受益多的人多纳税、受益少的人少纳税、受益相同的人负担相同的税是非常公平的。在现实生活中，如对公路、桥梁通行费征收营业税及征收社会保障税等往往体现了受益原则，但在许多情况下收益水平是不好衡量的，如国防费和行政管理费等，因享用程度不可分解而不适用受益原则。

（二）税收的效率原则

税收的效率原则指的是以尽量小的税收成本取得尽量大的税收收益。税收的效率通过税收成本和税收收益的比率来衡量，但这种对比关系不是单一的，而是多层次的。这里的税收收益与税收成本都是一个广义的概念，税收收益不仅包括取得的税收收入，还包括因税收的调节提高了资源配置效率，优化了产业结构，促进了社会经济稳定发展的正效应，即间接收益；而税收成本不仅包括税收的征收和管理费用，还包括税收对社会经济的不当调节而产生的负效应，即间接成本。因此，税收效率包含两个方面的内容：首先，是从税收与经济的相互关系，特别是从税收对经济的影响方面进行成本和收益的比较，即税收的经济效率；其次，是税务机关本身进行税务行政或税收管理而产生的成本和收益的比较，即税收的行政效率。

1.税收的经济效率

税收的经济效率是指政府征税应有利于资源有效配置和经济机制的运行，即促进经济效率的提高或者对经济效率的不利影响最小。税收的经济效率是从整个经济系统的范围来看税收的效率原则的，主要从征税过程对纳税人及整个国民经济的正负效应方面来判断税收是否有效率。这就有一个税收的经济成本与经济收益的比较问题。一般来看，对税收的经济效率主要从两个方面来考察：一是税收的额外负担最小化；二是税收的额外收益最大化。

现代经济学运用帕累托效率来衡量经济效率。帕累托效率是指这样一种状态，即资源配置的任何重新调整都已不可能使一些人的境况变好而又不使另一些人的境况变坏，那么这种资源配置已经使社会效用达到最大，这种资源配置状态就是资源的最优配置状态，称为帕累托最优。如果达不到这种状态，就说明资源配置的效率不是最佳，还可以进行重新调整。由于在现实经济生活中，大多数的经济活动都可能是通过使一部分人的境况变坏，从而使另一部分人的境况变好，但总的社会效益变得更好，所以效率的实际含义可以解释为经济活动上的任何措施都应当使"得者的所得大于失者的所失"，或从全社会看宏观上的所得要大于宏观上的所失。如果做到这一点，经济活动就可以说是有效率的。一般认为，征税同样存在"得者的所得大于失者的所失"的利弊比较问题。征税在将社会资源从纳税人手中转移到政府部门的过程中，势必会对经济产生影响。若这种影响限于征税数额本身，则为税收的正常负担；若除了这种正常负担之外，经济活动因此受到干扰和阻碍，社会利益因此受到削弱，便会产生税收的额外负担。

征税过程会对经济运行产生积极的影响。政府征税可以将政府的意图体现在税收制度和税收政策中，起到调节经济、稳定经济的作用，社会经济活动因此而得到促进，社会利益因此而得到增加，征税过程特别是税收政策的运用能够提高资源配置效率和宏观经济效益，这样就产生了税收的额外收益。如国家通过征税引导产业结构、矫正负的外部经济行为等，都会促进资源的有效配置，提高宏观经济效益。在经济可持续发展战略的条件下，通过征收环境税及其他政策措施，运用税收限制环境污染的产生，鼓励环保产业的发展，使整个税制体现环保要求，抑制或减少环境污染和生态破坏，并最终实现可持续发展，这就是典型的税收产生的额外收益。因此，不仅要着眼于税收额外负担最小化，还要着眼于税收额外收益最大化，税收的效率原则就是要尽量增加税收的额外收益，减少税收的额外负担。

2. 税收的行政效率

税收的行政效率是指征税管理部门本身的效率，它可以通过一定时期直接征纳成本与入库的税收收入的对比来进行衡量。入库的税收收入是税收的直接收益。而税收的征纳成本，一是税务机关的行政费用，包括税务机关工作人员的工资、津贴等人员经费和税务机关在征税过程中所支付的交通费、办公费、差旅费等公共费用，以及用于建造税务机关办公大楼等的各种费用开支；二是纳税执行费用，包括纳税人雇用会计师、税收顾问、职业税务代理人等所花费的费用，企业为个人代缴税款的费用，以及纳税人在申报纳税方面发生的其他各种费用等。一般地说，税收的征纳成本与入库的税收收入之间的比率越小，税收行政效率就越高；反之则越低。

3. 税收的公平与效率的两难选择

税收的公平与效率是密切相关的，从总体上说，税收的公平与效率是相互促进、互为条件的统一体。首先，税收的公平是提高税收效率的必要条件，因为税收不公平必然会挫伤企业和个人的积极性，甚至还会引起社会矛盾，从而使社会缺少动力和活力，自然也无效率可言。只有保持税收分配的公平，防止两极分化，才能激发企业和个人的积极性，才能营造生产顺畅运行的社会环境，使税源充足，财政收入稳定足额入库。其次，税收的效率是税收公平的前提。如果税收活动阻碍了经济发展，影响了 GDP 的增长，那么即使它是公平的，也是没有意义的。税收作为一种分配，手段是以丰裕的物质产品为基础的，只有提高税收的效率才能为税收的公平提供强大的物质基础,而没有效率的公平便成为无本之木。

税收的公平与效率原则既有矛盾性又有统一性。过分强调税收的公平原则必然会弱化利益刺激对税收效率的促进效应，而过分强调税收的效率原则必然会扩大贫富差别，因而挫伤企业和个人的积极性。

20世纪80年代以来，各国出现了世界性的税制改革浪潮。改革之时各国税制普遍存在的问题有下方面以税收对经济运行的过度和过细干预，严重扭曲了正常的经济活动；过分强调税负公平特别是税负的纵向公平，造成了经济效率的低下，人们投资和工作积极性的下降；过分重视税收的经济效率而相对忽视税收行政效率，造成税制日趋复杂烦琐及税收行政效率低下。针对这些问题，各国对税制进行了大幅度的调整和改革，在税制改革过程中，税收原则也出现了调整和发展的新趋势。只有同时兼顾公平与效率的税收原则才是最完美的，但是税收的公平与效率的统一并不是绝对的。就具体的税种来说，两者会有矛盾和冲突，往往不是低效率、高公平，就是高效率、低公平，高效率、高公平的最优组合是少有的。例如商品课税可以通过各类奖项政策促进资源的合理配置和发展生产，一般认为它是有效率的，但由于它背离了量能纳税的原则，有时会造成纳税人的苦乐不均，通常又被认为是不公平的；相反，所得课税具有负担合理、课征公平的优点，但它距离经济运转过程较远，很难直接调节生产和流通，又有效率不高的缺点。因此，对税收公平与效率的研究必须跳出具体的税种或某项税收政策的圈子，而从整个税制或税收总政策来考虑。仅就某一个税种来说，可能要么以公平为主，要么以效率为主，但通过各税种的互相补充，完全有可能组成一个公平与效率兼备的好税制。有些国家从本国国情出发，在建设本国税制时实行以公平与效率二者之一作为侧重点的税收政策，从而形成了效率型税制或公平型税制，这样的税制往往更具实践价值。将税制的设计同本国国情和长远发展战略结合起来，显然是对税收公平与效率更高层次的兼顾。

税收原则的调整和发展的趋势，反映了各国对公平与效率关系的新思考，到目前仍影响着各国税制改革的税收政策的调整。这主要体现在以下四个方面：一是在税收的经济效率原则上，由主张对经济的全面干预转向主张进行适度干预，避免税收对市场机制本身的干扰和破坏；二是在税收公平与效率原则的两难权衡上，由偏向公平转向更为注重效率，以刺激经济增长、摆脱经济困境；三是在税收公平原则的贯彻上，由偏重纵向公平转向追求横向公平；四是在税收效率原则的贯彻上，由注重经济效率转向经济效率与行政效率并重。

第二章　财政管理的主要内容

第一节　财政预算

一、财政预算的含义

政府预算又称国家预算、财政预算、政府财政预算，是指国家预算部门经过法定程序编制、审查、批准的，以收支一览表形式体现的国家年度财政收支计划。

二、财政预算的组成

财政预算的组成是财政预算的分级管理。每级政府的财政收支活动，都构成二级预算。目前，世界上大多数国家实行多级预算。

我国财政预算的级次是按照一级政权设立一级预算的原则建立的，由中央预算和地方预算组成，预算管理实行分级别、分税制。地方预算包括省（自治区、直辖市）、省辖市（自治州、直辖市辖区）、县（自治县、市、旗）、乡（镇）四级。

中央预算是中央政府的预算，是经法定程序批准的中央政府的财政收支计划，由中央各部门（含直属单位）的预算组成，包括地方向中央上缴的收入数额和中央对地方返还或者给予补助的数额。中央各部门预算由本部门所属各单位组成。单位预算是指列入部门预算的国家机关、社会团体和其他单位的收支预算。地方预算是经法定程序批准的地方各级政府的财政收支计划的统称。由各省、自治区、直辖市总预算组成。地方各级总预算由本级政府预算和汇总的下一级总预算组成，本级政府预算由本级各部门预算组成，本级各部门预算由各部门所属单位预算组成。

部门预算是指各主管部门汇总编制的本系统的财政收支计划，由本部门所属各单位的预算组成。这些部门包括与本级政府财政部门直接发生预算拨款关系的地方国家机关、军队、政党组织和社会团体。

单位预算是由事业行政单位根据事业发展计划和行政任务编制的，并经过规定程序批准的年度财务收支计划，反映单位与财政部门之间的资金领拨关系。单位是指列入部门预算的国家机关、社会团体和其他行政单位的财政收支计划。

三、财政预算的形式

财政预算的形式复杂多样，根据不同的分类，形成不同的预算。下面介绍】六种预算形式：

（一）根据预算编制形式划分

根据预算编制的形式不同，财政预算分为单式预算和复式预算。

1. 单式预算

单式预算是将预算年度内全部的财政收入与财政支出汇编在一个预算内，形成一个收支项目安排对照表，而不区分各项财政收支的经济性质的预算形式。单式预算能从整体上反映某一年度财政收支的状况，便于了解政府财政的全貌，也便于立法机关审批和社会公众了解，但是它不利于政府对复杂的财政活动进行深入的分析和管理。

复式预算是将预算年度内的全部财政收支按收入来源和支出性质的不同，分别编成两个或两个以上的预算，从而形成两个或两个以上的收支对照表。复式预算的形式大体分两种：一种形式是双重预算，即按经济性质把财政收支分别编入经常预算和资本预算。经常预算反映政府在一般行政上的经常收支；而资本预算反映政府的资本投资和国家信用。这是复式预算的典型形式。另一种形式是多重预算，即由一个主预算和若干个子预算组成，如日本的中央预算。

复式预算是随着政府职能范围的扩大和政府预算功能的变化，在单式预算的基础上演化而来的。编制复式预算，一方面，便于考核预算资金的来源和用途；另一方面，便于分析预算收支对社会需求的影响。但它同样具有明显的不足：①由于把国家信用收入作为资本预算的正常收入项目，这就使得资本预算不论整个预算的收支状况如何总是平衡的，容易掩盖预算财政赤字；②经常预算支出的资金来源主要是税收收入，一些国家的税收收入在整个预算收入中所占的比例很大，容易掩盖支出浪费；③由于经常预算和资本预算科目划分标准很难统一，给预算编制带来了麻烦。

（二）根据预算内容和关系的不同划分

根据预算内容和关系的不同划分，财政预算分为总预算和单位预算。

总预算是基于各级政府汇总的本级政府预算和下级政府预算所编制的预算。

单位预算是各级政府机关、社会团体、事业单位的经费预算和国有企业的财务收支计划。

（三）根据财政预算组成环节的层次不同划分

根据财政预算组成环节的层次不同划分，财政预算分为中央预算和地方预算。

中央预算由中央各部门（含直属单位）的预算组成。

地方预算由各省、自治区、直辖市总预算组成。

（四）根据财政预算编制期限长短的不同划分

根据财政预算编制期限长短的不同，财政预算分为年度预算和中长期预算。

财政预算通常按年度编制，即年度预算。预算年度是编制和执行国家预算的起止期限，通常为 1 年。世界各国主要采用历年制，即从 1 月 1 日到 12 月 31 日，以中国、法国等国为代表。有些国家采用跨年制，如英国、日本等国家是从 4 月 1 日到翌年 3 月 31 日，澳大利亚等国家是从 7 月 1 日到翌年 6 月 30 日，美国等国家是从 10 月 1 日到翌年 9 月 30 日。

中长期预算是从较长时期来考察预算收支是否平衡。现在世界上许多国家在编制年度预算之外再编制不同形式的中长期预算，从 3 年、5 年到更长时间。

（五）按项目是否考虑经济效果分类

按项目是否考虑经济效果分类，财政预算分为项目预算、绩效预算和计划项目预算。

1.项目预算

项目预算是指只反映项目的用途和支出金额，而不考虑其支出经济效果的预算。

2. 绩效预算

绩效预算是 20 世纪 50 年代初，由美国胡佛委员会建议，在联邦预算中推行的一种预算形式。所谓绩效预算，是以项目的绩效为目的、以成本为基础编制和管理的预算。在编制绩效预算时，要求政府各部门先制订有关的事业计划或工程规划，计算出每项实施计划的成本和效益，然后择优把项目列入预算。在绩效预算执行后，要用对比计划和实际、本期和前期成本效益的方法，考核行政部门使用预算资金的每项工作或业务的绩效。因此，绩效预算又称成本预算或部门预算。

绩效预算是以成本的观念来衡量工作成果，对监督和控制财政支出、防止浪费有积极的作用，但对有些部门支出的成本效益的评估却难以操作，如国防部门的绩效支出。

3. 计划项目预算

计划项目预算是在绩效预算的基础上，依据国家确定的目标，着重按项目安排和运用定量分析方法编制的预算。实行计划项目预算的基本步骤是：要求按政府确定的目标划分项目；要确定完成项目所必需的资源，对选定的项目配置资源，在此基础上确定这部分资源的费用。

计划项目预算的优点主要是：①可以把预算中安排的项目和政府的中、长期计划结合起来，做到长计划短安排，有利于政府活动的开展。②由于在选择和安排项目的过程中重视成本效益，因而要求依据各项资料进行经济分析和评估，并通过项目之间的比较来降低各个项目的费用和提高财政资金的使用效果。③考虑到许多项目往往是跨年度的，按项目安排预算，可以根据发展变化情况，对目标、计划和预算进行调整。其缺点是成本效益分析不能覆盖所有预算项目，且预算编制复杂、推行困难。

（六）按预算方法的不同划分

按预算方法的不同，财政预算分为零基预算和增量预算。

1. 零基预算

零基预算是对每一年（或每一项目）预算收支的规模进行重新审查和安排，而不考虑基期的实际支出水平，即以零为起点而编制的预算。这种方法强调从头开始，从根本上分析研究所有项目（包括原有的和新的）和每一项目的全部支出（包括已支出和未支出）的成本与效益，在此基础上确定其预算收支数。

零基预算的优点是没有现成的框框，不受现行预算执行情况的约束，能够充分发挥各级管理人员的积极性和创造性，促进各级预算单位精打细算。同时，使政府可以根据需要确定优先安排项目，减轻政府为满足不断增加的财政支出而增税或扩大债务的压力。其缺点是工作量大，需要较多高素质的管理人员。

2. 增量预算

增量预算是指财政收支计划指标在以前财政年度的基础上，按新的财政年度的经济发展情况进行调整后确定的预算。由于增量预算有前期的基础和参考，工作量减少且比较合理，各国主要采用此预算方法。

四、财政预算的原则

（一）公开性原则

公开性原则是指国家预算反映政府的活动范围、方向和政策，与全体公民的切身利益息息相关，国家预算及其执行情况必须采取一定的形式公布于全体公民，让全体公民了解财政收支情况并进行监督。

（二）可靠性原则

可靠性原则是指国家预算的每一收支项目的数字指标必须运用科学的方法，依据充分、翔实的资料来确定，不得假定、估算，更不能任意编造。

（三）完整性原则

完整性原则是指列入国家预算的一切财政收支都要反映在预算中，不得打埋伏、造假账或者在预算外另加预算。国家允许的预算外收支也应在预算中有所反映。

（四）统一性原则

统一性原则是指尽管各级政府都设有财政部门，也有相应的预算，但这些预算都是国家预算的组成部分，所有地方政府预算连同中央预算一起共同组成统一的国家预算，要求设立统一的预算科目，每一个科目都要严格按照统一的口径、程序计算和填列。

（五）年度性原则

预算收支计划起讫的有效期限，通常为一年。预算的年度性原则是指政府必须按照法定预算年度编制的国家预算，这一预算要反映全年的财政收支活动，同时不允许将不属于本年度的财政收支内容列入本年度的国家预算之中。

五、预算管理职权的划分

（一）各级人民代表大会及其常委会的职权

1. 各级人民代表大会的职权

对预算、决算的审批权，即审查本级预算草案和本级总预算草案及预算执行情况的报告；批准本级预算和本级总预算执行情况的报告；对预算、决算方面不适当的决定的撤销权，即各级人民代表大会有权改变和撤销本级人民代表大会常务委员会关于预决算的不适当的决定或命令。

2. 各级人民代表大会常务委员会的职权

对预算执行情况的监督权，对本级预算调整方案的审查批准权，审查和批准本级政府决算，撤销本级人民政府和下一级人民政府关于预算、决算不适当的决定、命令和决议。

（二）各级人民政府职权

各级人民政府是预算管理的行政机关，其具体职权是：确定预算管理体制具体办法权；编制本级预算、决算草案权；向本级人代会做本级预算决算报告权；组织本级预算执行权；编制预算调整方案权；改变和撤销本级及下级不适当的决定权；监督本级及下级预算执行监督权等。

（三）各级财政部门职权

各级财政部门是预算管理的职能部门，财政部和地方财政机关分别代表中央和地方政府进行实际预算操作处理，具体编制本级预算、决算草案，具体组织本级预算执行，具体编制预算调整方案，定期向本级政府报告。

（四）各部门、各单位职权

各部门、各单位制定本部门或单位的具体执行办法，编制本部门或单位的预算草案决算情况，组织部门或单位预算的执行，定期向本级财政部门报告等。

六、财政预算的编制

（一）财政预算编制的时间

政府预算编制的组织程序按"两上两下"，即"自下而上、自上而下、两上两下、上下结合"的方式。其过程为单位、部门提出概算，下达预算收支指标，编制汇总预算，审批预算。

部门预算的要求是：国务院于每年 7 月向省、自治区、直辖市政府和中央各部门下达编制下一年度预算草案的指示，提出编制预算草案的原则和要求。

中央预算草案经全国人民代表大会批准后，为当年中央预算。财政部应当自全国人民代表大会批准中央预算之日起 30 日内，批复中央各部门预算。中央各部门预算应当自财政部批复本部门预算之日起 15 日内，批复所属各单位预算。

地方各级政府预算草案经本级人民代表大会批准后，为当年本级政府预算。县级以上地方各级政府的财政部门应当自本级人民代表大会批准本级政府之日起 30 日内，批复本级各部门预算。地方各部门应当自本级财政部门批复本部门预算之日起 15 日内，批复所属各单位预算。

（二）财政预算编制的依据

各级政府编制年度预算草案的依据有：①相关法律、法规；②国民经济和社会发展计划、财政中长期计划及有关的财政经济政策；③本级政府的预算管理职权和预算管理体制确定的预算收支范围；④上一年度预算执行情况和本年度预算收支变化因素；⑤上级政府对编制年度预算草案的指示和要求。

各部门、各单位编制年度预算草案的依据有：①相关法律、法规；②本级政府的指示和要求及本级政府财政部门的部署；③本部门、本单位的职责、任务和事业发展计划；④本部门、本单位的定员定额标准；⑤本部门、本单位上一年度预算执行情况和本年度预算收支变化因素。

七、财政预算编制

（一）财政预算收支的含义

国家预算由预算收入和预算支出组成。

预算收入包括税收收入、依照规定应当上缴的国有资产收益、专项收入、其他收入。

预算支出包括经济建设支出，教育、科学、文化、卫生、体育等事业发展支出，国家管理费用支出，国防支出，各项补贴支出，其他支出。

预算收入划分为中央预算收入、地方预算收入、中央和地方共享收入。预算支出划分为中央预算支出和地方预算支出。

（二）财政预算编制的内容

中央预算的编制内容包括本级预算收入和支出、上一年度结余用于本年度安排的支出、返还或者补助地方的支出、地方上解收入。

中央财政本年度举借的国内外债务和还本付息数额应当在本级预算中单独列示。

地方各级政府预算的编制内容包括本级预算收入和支出、上一年度结余用于本年度安排的支出、上级返还或者补助的收入、返还或者补助下级的支出、上解上级的支出、下级上解收入。

八、部门财政预算编制流程

（一）中央部门财政预算的总流程

总流程如下：中央各部门编制、汇总和上报本部门的预算建议数；财政部业务司局再按照其管理职能分别对部门预算建议数进行审核，并下达预算控制数；各部门根据预算控制数编制预算，上报财政部；财政部门再对部门预算数进行审核汇总，报送国务院审定后报送全国人大批准；根据全国人大批准的预算，由财政部统一批复给各部门。

（二）部门编报财政预算的流程

部门或单位在编报预算的过程中通过利用"中央部门预算编报子系统"编制和上报部门预算建议数，根据预算控制数编制和上报部门预算数。

（三）财政部审核和上报财政预算的流程

财政部在管理部门预算的过程中根据现行管理职能将部门预算拆分给各业务司局；各业务司局再在自己的权限范围内审核各部门预算数据，给各部门下达部门预算控制限额；最后根据全国人大批准后的中央预算，预算司向各部门批复预算。

（四）财政部批复财政预算的流程

全国人大代表批准中央预算后，财政部在一个月之内将预算批复到各部门。

九、政府财政预算的执行

政府财政预算的执行是指经过法定程序批准的预算的具体实施过程，包括组织预算收入和拨付预算资金等内容。预算的执行原则是"统一领导、分级管理"。各级预算由本级政府组织执行，具体工作由本级财政部门负责。执行机关有财政部门、税务部门、中国人民银行、海关等。

预算年度开始后，在各级政府预算草案获得本级人民代表大会批准前，本级政府可以先按照上一年同期的预算支出数额安排支出；预算经本级人民代表大会批准后，按照批准的预算执行。

政府预算部门负责预算执行的具体工作，主要任务有如下七点：

1. 研究落实财政税收政策的措施，支持经济和社会的健康发展。

2. 制定组织预算收入和管理预算支出的制度与办法。

3. 督促各预算收入征收部门、各预算缴款单位完成预算收入任务。

4. 根据年度支出预算和季度用款计划，合理调度、拨付预算资金，监督检查各部门、各单位管好、用好预算资金，节减开支，提高效率。

5. 指导和监督各部门、各单位建立健全财务制度与会计核算体系，按照规定使用预算资金。

6. 编报、汇总分期的预算收支执行数字，分析预算收支执行情况，定期向本级政府和上一级政府财政部门报告预算执行情况，并提出增收节支的建议。

7. 协调预算收入征收部门、国库和其他部门的业务工作。

十、政府财政决算

政府财政决算是经法定程序批准的年度预算执行结果的会计报告。其目的是总结和评价全年的预算收支活动，为过去一年预算收支的执行和管理提供信息；总结一年来的预算执行情况，总结经验教训，弥补预算建立和执行环节的不足。

中央政府财政决算管理主要由以下环节构成：①政府决算的部署；②年终清理和结账；③政府决算的编制；④政府决算的审查和批准。

财政部在每年的第四季度部署编制决算草案的原则、要求、方法和报送期限，制发中央各部门决算、地方决算及其他有关决算的报表格式，布置编制决算的工作。县级以上地方政府财政部门根据财政部的部署，布置编制本级政府各部门和下级政府决算草案的原则、要求、方法和报送期限，制发本级政府各部门决算、下级政府决算及其他有关决算的报表格式。地方政府财政部门根据上级政府财政部门的部署，制定本行政区域决算的报表格式。地方政府财政部门根据上级政府部门的部署，制定本行政区域决算草案和本级各部门决算草案的具体编制办法。各部门根据本级政府财政部门的部署，制定所属各单位决算草案的具体编制办法。

第二节　财政平衡

一、财政平衡的概述

财政平衡是指预算年度预算收支在量上的对比关系。收支对比不外乎三种结果：一是收大于支，有结余，即财政盈余；二是支大于收，有逆差，即财政赤字；三是收支相等，即财政平衡。国家预算作为一种平衡表，收与支是恒等的，而财政赤字或财政结余不过是从某种政策含义上就收支的经济内容，特别是就收入要素的分析所得出的结果。就经济内容上分析，收支正好相等的情况在理论上是可以成立的，但从实际经济运行来看，几乎是不存在的，而且当今世界各国年年有预算结余的国家也为数很少，预算逆差倒是收支对比的常态。就现代市场经济国家而言，财政赤字已经是一种世界性经济现象。财政平衡不过是把收支对比的一种理想状态作为预算的编制和执行所追求的目标和考核目标而已。因此，在研究财政平衡和财政赤字之前，必须首先明确应当如何理解财政平衡，树立科学的财政平衡观。

（一）财政平衡不是绝对的，实际上不存在绝对的平衡

任何事物在运行中不平衡是绝对的，而平衡是相对的，财政平衡也是如此，所谓平衡，不过是某个时点上（如一个财政年度）的平衡。比如，就财政收支运行过程而言，每日、每月、每季的收支对比的经常状态是不平衡的，不是收大于支就是支大于收，而收支相等的状态是偶然的。我国一向强调"收支平衡，略有结余"的方针，但略有结余也不应是要求年年有结余，如果年复一年地出现结余，滚存的结余就会累积成一笔很大的数字，这意味着财政资金未能达到有效的运用。既然有财政结余，那么以后年度适当动用也是合理的，对加速经济建设也是有利的。可是按我国曾经采取的统计口径，动用上年结余或历年累计结余对当年就表现为支大于收的赤字。所谓赤字是和结余相对应的，而结余和赤字同财政平衡并不是绝对排斥的。在实际生活中，略有结余应属基本平衡，略有赤字也应视为基本平衡，两者都是财政平衡的表现形式，因而财政平衡追求的目标是基本平衡或大体平衡。

（二）静态平衡与动态平衡

静态平衡的主要表现是不考虑时间因素，只考察一个财政年度内的收支对比状况。动态平衡则要引进时间因素，考虑年度之间的联系和衔接，研究未来财政收支的发展趋势，研究经济周期对财政的影响及财政对经济周期的调节作用，以求得一个时期的内在平衡。同任何事物的发展一样，财政收支平衡是在收与支这对矛盾不断产生又不断解决的过程中实现的。实际上，在静态平衡中就包含着动态平衡的因素，因为平衡毕竟是某一时点上出现的瞬时现象，或者是在平衡表

上的某种表现形式。例如某些年份有赤字，但如果将某些有结余的年份结合起来从动态上看，财政收支仍可能是平衡的。在一个财政年度内也是如此，有时可能收大于支，有时可能支大于收，即平衡不断被打破，又不断达到新的平衡。

（三）局部平衡与全局平衡

研究财政平衡还要有全局观点，不能就财政平衡论财政平衡。财政状况是国民经济运行的综合反映，财政收支是宏观经济的重要指标，财政政策则是宏观调控体系的重要组成部分。如果把财政部门看作国民经济的一个部门，财政收支是国民经济货币收支体系中一类货币收支，同其他货币收支，即同家庭部门、企业部门及对外部门的货币收支有着密切的联系。它们之间是相互交织、相互转化的，而且是互补余缺的。只有从国民经济全局出发研究财政平衡，才能分析财政平衡状态的原因和后果，探求改善财政状况的对策，从而运用财政政策有效地调节经济运行，达到优化资源配置、公平分配及稳定和发展的目标。

（四）中央预算平衡和地方预算平衡

我国过去的财政体制一般是把中央财政与地方财政合到一起，从总体上进行考察。这种考察虽可反映国家财政收支的全貌，却不能反映中央与地方政府各自收支的对比情况。比如，20世纪70年代以来出现的财政赤字主要是中央财政赤字，地方财政除少数年份出现赤字外，多数年份均为结余，而地方的结余又可抵补中央财政的赤字。也就是说，中央财政实际存在的赤字比国家公布的财政赤字数要大得多。我国实行分税制改革以后，地方财政已成为一级相对独立的财政主体，在中央预算与地方预算分立的情况下，分别考察中央预算的平衡与地方预算的平衡十分必要。

（五）预算赤字、决算赤字和赤字政策

预算赤字、决算赤字和赤字政策几个概念是有区别的。预算赤字是指编制预算时在收支安排上就有赤字，但预算列有赤字，并不意味着预算执行的结果也一定有赤字，因为在预算执行过程中可以通过采取增收节支的措施实现收支的平衡。决算赤字是指预算执行结果支大于收，出现赤字。决算有赤字，可能是因为预算编制时就有赤字，也可能是预算执行过程中出现新的减收增支的因素而导致

赤字。预算赤字或决算赤字从财政政策的指导思想上说并不一定是有意识地安排预算赤字，也并非在每一个财政年度都出现，只是由经济生活中的一些矛盾一时难以解决而导致的个别年度或少数年度的赤字。赤字政策则完全不同。赤字政策是指国家有意识地运用赤字来调节经济的一种政策，即通过财政赤字扩大政府支出，实行扩张性财政政策，刺激社会有效需求的增长。因而赤字政策不是个别年度或少数年度存在赤字，它的主要标志是连续多年安排预算赤字，甚至是巨额赤字。

（六）真实平衡与虚假平衡

我国的实践表明，研究财政平衡必须密切注意财政平衡的真实性，因为有时也可能出现虚假的平衡，即假平衡（或虚结余）、真赤字。虚假平衡是怎样发生的呢？在传统体制时期，主要是由于统购包销制度形成的。由于当时的统购包销体制，在工商之间缺乏明确的权责关系，使质量不合格、品种不对路的商品由生产单位转移到商业部门。当商业部门向生产部门支付货款后，生产部门上缴了税收和利润，这种税利是一种没有物资保证的虚假收入，用虚假收入抵补真实的支出，就形成虚假的收支平衡。财政虚假平衡有较大的隐蔽性，会使人们产生一种错觉，即在实际上已存在赤字的情况下，还误认为财政状况良好，从而导致决策上的失误。从这一点上看，虚假平衡比公开的赤字有更大的危害性。

二、财政赤字（或财政结余）的计量口径和分类

（一）财政赤字的计量口径

在如何理解财政收支平衡的问题上，还有一个关于财政平衡的计量口径问题，或者说是计量赤字（或结余）口径问题。计量财政赤字（或结余）可以有以下两种不同的口径：

$$赤字或结余 =（经常收入 + 债务收入）-（经常支出 + 债务支出）\quad (2-1)$$

$$赤字或结余 = 经常收入 - 经常支出 \quad\quad\quad (2-2)$$

两种口径的差别在于，债务收入是否计入经常收入之中，以及债务的清偿是否计入经常支出之中。按第一种口径，债务收入计入经常财政收入，相应地，债务还本付息也计入经常支出；按第二种口径，债务收入不列为经常收入，相应

地，债务的偿还也不列为经常支出，但利息的支付却列入经常支出。世界各国的计量口径是不同的。苏联历来把债务收入列为经常收入而不作为弥补赤字的来源，所以从其战后的统计数字看，年年平衡，但如果把债务收入从收入中扣除，则存在多年赤字。

国际货币基金组织编制的《政府财政统计年鉴》中计量财政赤字或结余的口径如下：

财政赤字或结余 =（总收入 + 无条件赠款）-（总支出 + 净增贷款）（2-3）

上式中，总收入包括税收收入和非税收收入（不含债务收入）；无条件赠款包括各国政府赠款、本国其他各级政府赠款和国际组织赠款；总支出包括行政、国防、文教卫生、社会福利、经济服务、国债利息等经常性支出，还包括购置固定资产和购买存货、土地和无形资产及资本转让；净增贷款是指本期政府对国内其他各级政府、国内金融机构、国内非金融公共企业的贷款和对国外贷款减去各项贷款的还款。在计量财政赤字或结余时为什么将净增贷款列为支出呢？据国际货币基金组织出版的《国际金融统计年鉴》的解释，是因为这种贷款被认为是追求政府政策目标的一种手段。

（二）财政赤字的分类

在财政赤字的分析中，根据财政赤字和经济运行的关系，通常按照产生赤字的经济背景和原因将财政赤字划分为结构性赤字和周期性赤字，或者说，现实的财政赤字是由结构性赤字和周期性赤字两部分组成的。赤字变化（增或减）的一部分是经济周期波动的反映，是由于经济周期的波动而自动地产生和增减的，这部分赤字称为周期性赤字。周期性赤字是由经济周期波动决定的，体现经济运行对财政平衡的决定作用，是一种内生变量，随着经济周期的波动而增减。结构性赤字是指发生在已给定的充分就业水平（如失业率不超过5%）条件下的赤字，也称为充分就业赤字。结构性赤字是由政府财政政策的变量决定的，是一种外生变量，体现财政政策变量对经济的影响。因为结构性赤字是假定经济已经在充分就业水平上运行，在这种假定条件下，当经济中还存在未被动员的资源时，赤字会直接引致总需求的增加，并通过对总需求的影响调节总供求关系。举例说明，当经济陷入衰退时，一方面，由于国内生产总值增速减慢或下降，失业增加了、收入减少了，以所得税为主的国家的所得税减少了，尤其是实行超额累进所得税的国家更为明显；以增值税为主的国家，随着经济的衰退增值税也必将减少。同时，在经济陷入衰退时期，政府支出却趋向于增加，维持性支出难以减少，制度性的社会福利支出和失业救济要大幅增加，于是不可避免地将自动产生或增加周期性赤字。即使税收制度和政府支出制度没有任何变动，财政赤字也会增加。另一方面，经济衰退时期，政府要实行以充分就业为目标的扩张性财政政策，或增支、或减税，无论是增支还是减税，即使是经济运行处于潜在的产出水平，在短期内也会产生或增加结构性赤字。这样，现实中的财政赤字是由结构性赤字和周期性赤字两部分组成的。结构性赤字是充分就业水平下的赤字，是由政府的财政政策主动决定的；而周期性赤字是经济周期波动的反映，是消极的，可以以实现现实赤字与结构性赤字之差表示。

假设 DEF 代表现实的赤字，SD 为结构性赤字，CD 表示周期性赤字，t 为税率，G 为政府支出，Y_f 代表充分就业的产出水平，Y 代表实际的产出水平，则现实赤字、结构性赤字和周期性赤字三者的关系如下列公式所示：

$$DEF=SD+CD \tag{2-4}$$

$$SD=G-tY_f \tag{2-5}$$

$$CD=DEF-SD=(G-tY_f)-(G-tY_f)=t(Y_f-Y) \tag{2-6}$$

$$DEF=SD+CD=(G-tY_f)+t(Y_f-Y) \tag{2-7}$$

区分结构性赤字和周期性赤字具有较强的政策意义。上述公式表示，结构性赤字是扩张性财政政策（高的 G 和低的 t）的结果，而周期性赤字是充分就业的产出水平和现实的产出水平之差与税率的乘积，是经济衰退的结果和表现。由此可见，将财政赤字分为结构性赤字和周期性赤字两部分对判断财政赤字产生的主要原因，以及对政府的财政决策具有重要的指导意义。由此得出的政策结论有两个：①采取扩张性政策还是紧缩性政策不能由主观意志决定，应当具体情况具体分析，主要取决于对经济形势和当前财政赤字性质的正确判断。如果经济处于充分就业状态并且存在通货膨胀的压力，现实的赤字完全是结构性赤字，那么应该实施紧缩性财政政策以削减赤字；如果经济处于衰退阶段，现实的赤字主要是周期性赤字（在极端情形下，结构性赤字为零或存在结构性盈余），即便现实的赤字（主要或完全是周期性赤字）已经很高，实施扩张性财政政策也是完全适当的。因为扩张性财政政策尽管增加了结构性赤字，但可以缓解经济衰退并使经济衰退结束得更快，同时也降低了周期性赤字。②一般来说，财政政策（至少在短期内）既改变结构性赤字又改变周期性赤字，财政措施在增加（减少）结构性赤字的同时可能减少（增加）周期性赤字。

根据国际财政政策的实践，从短期来看，改变结构性赤字的净作用是按同一方向改变现实的财政赤字。如在经济衰退期，扩张性财政政策在增加结构性赤字的同时减少了周期性赤字，但结构性赤字的增加额将超过周期性赤字的减少额，其净效果是增加了现实的赤字。而从长期的动态来看，增加结构性赤字虽然暂时扩大了现实赤字，但增加结构性赤字可以促进产出的恢复并实现产出进一步增长，从而税收也随之增长，最终不仅可能消除周期性赤字，而且有可能最终消除结构性赤字。

第三节　公债资金的管理

一、公债的含义

公债是一个特殊的财政范畴，是政府取得财政收入的一种特殊形式。

在市场经济条件下，政府可以通过多种形式取得满足其职能所需要的财政收入，这些财政收入根据其是否具有偿还性大体可分为有偿的和无偿的两种。政府以债务人的身份，依据有借有还的信用原则所取得的财政收入，属于有偿形式，如发行公债；政府以社会管理者的身份，凭借政治权力取得的财政收入和以资产所有者的身份，凭借财产所有权取得的财政收入，属于无偿形式，如税收。

公债有国家公债和地方公债之分。凡由中央政府发行的公债，称为"中央债或国家公债"，简称"国债"；凡属地方政府发行的公债，称为地方债。可见，公债具体是指各级政府在国内外发行债券或向外国政府和银行借款所形成的国家债务，是整个社会债务的重要组成部分。

与税收相比较，公债具有其特殊性。具体表现在以下三个方面：一是公债具有自愿性特征，即公债的发行或认购建立在认购者自愿承受的基础上，是否认购、认购多少，完全由认购者自主决定。而税收则具有强制性的特征，只要符合税法规定，作为纳税人就要依法纳税，否则就要受到法律制裁。二是公债具有有偿性特征，即各级政府举借的公债，到期必须还本付息。而税收则具有无偿性，它既不需要偿还，也不需要付出任何报酬。三是公债具有灵活性特征，即公债的发行与否、采用何种方式发行、发行规模多大，一般由政府根据具体情况而定，既没有时间上的连续性，也没有发行规模的固定性。而税收则必须按照法律规定的标准征收。

与私债相比较，公债还是一个特殊的债务范畴。具体体现在发行的依据或担保物不同上，公债的发行往往是以政府的信誉为依据，而私债的发行一般以财产或收益为担保，人们只有在确信发行者具有还本付息能力的情况下才会认购。

二、公债的功能与类型

（一）公债的功能

1.弥补财政赤字

通过发行公债弥补财政赤字，是公债产生的主要动因，也是现代国家的普遍做法。用公债弥补财政赤字，实质是将不属于政府支配的资金在一定时期内让渡给政府使用，是社会资金使用权的单方面转移。政府也可以采用增税和向银行透支的方式弥补财政赤字。但是，税收增加客观上受经济发展速度和效益的制约，如果强行增税，就会影响经济发展，使财源枯竭，得不偿失；同时，又要受立法程序的制约，也不易为纳税人所接受。通过向中央银行透支来弥补财政赤字，等于中央银行财政性货币发行，可能会扩大流通中的货币量，导致通货膨胀的后果。比较而言，用发行公债的方式弥补财政赤字，一般不会影响经济发展，可能产生的副作用较小。第一，发行公债只是部分社会资金使用权的暂时转移，流通中的货币总量一般不变，一般不会导致通货膨胀。第二，公债的认购通常遵循自愿的原则，通过发行公债获取的资金基本上是从社会资金运动中游离出来的部分，也就是企业和居民闲置不用的资金，将这部分资金暂时交由财政使用，当然不会对经济发展产生不利的影响。当然，也不能把公债视为治理财政赤字的灵丹妙药。首先，财政赤字过大，形成债台高筑，还本付息的压力又会进一步加大财政赤字，互为因果，最终会导致财政收支的恶性循环。其次，社会闲置资金是有限的，政府集中过多，将会减少民间可借贷资金的供给，或提高民间的投资成本，产生"排挤效应"。

2. 筹集建设资金

弥补财政赤字是从平衡财政收支的角度说明公债的功能。筹集建设资金是从财政支出或资金使用角度来说明公债的功能。公债是政府在正常收入形式以外，筹集资金用于经济建设的一种重要手段。我国 20 世纪 80 年代开始发行重点建设债券和重点企业建设债券（其中包括电力债券、钢铁债券、石油化工债券），公债资金的用途很明确，就是用于基础产业的投资。

3. 调节宏观经济

公债是对社会资源的重新配置，是财政调节经济的重要手段。政府发行公债首先会改变民间和政府部门占有资源的规模，影响社会资源在两大部门原有的配置格局。政府公债资金用于不同方向，又会对经济结构产生多方面的影响：用于公共投资，将会改变原有的投资与消费的比例；用于公共消费，将会改变社会的消费结构。进而言之，国家发行公债、扩大财政支出的过程，能够调节社会总供需关系，是扩张性财政政策的重要工具。另外，短期公债还可以作为中央银行在公开市场的重要操作工具，调节流通中的货币量。

（二）公债的类型

公债是一个庞大的债务体系，可以依据不同的标准，采取不同的方法，从不同的角度进行分类。

1. 以发行区域为标准，可分为国内公债（内债）和国外公债（外债）。内债是指在国内发行的公债；外债是指在国外发行的公债，包括国家在国外发行或推销的公债，以及向外国政府、经济组织和个人的借款。

2. 以国家举债形式为标准，可分为国家借款和发行债券。国家借款是政府向本国银行透支，或向外国政府、银行、个人借款而举债。其中向本国银行透支形成的借款称为财政借款，其他则称为政府贷款。国家借款是最原始的举债形式。发行债券则是政府发行公债，债券由社会认购，包括发行一般公债债券和摊派性的国库券。发行债券具有普遍、法律保证及持久性等优点，应用范围较广、效能较高。

3. 以流通与否为标准，可分为可转让公债和不可转让公债。可转让公债又称为自由流通公债；持有者可以随时在市场上出售转让，如近年来我国大量发行的记账式公债。不可转让公债称非自由流通公债，按规定不能进入市场流通，只能按规定时间兑付的公债，如我国近年发行的凭证式公债。

4. 以举债性质（或方法）为标准，可分为强制公债、爱国公债和自由公债；强制公债是指国家凭借政治权力，不论债权人是否愿意而强制债权人购买的公债。爱国公债是准强制公债，主要凭借公民的爱国心而自行认购；自由公债又称普通公债，是政府基于同公民的自由契约，利用商业信用原则和经济利益的刺激力来发行公民自行认购的公债。

5. 以偿还期限为标准，可分为短期公债、中期公债、长期公债。一般情况下，将 1 年期以内的称为短期公债，10 年期以上的称为长期公债，介于这两者之间的称为中期公债。有一种长期公债叫永久性公债，不规定到期时间，债权人无权要求清偿，但可按期永久取得利息，政府可利用此种公债调剂财政资金的余缺。当财政发生赤字时，政府发行永久性公债以弥补赤字，而在财政资金充裕的情况下，政府可在证券市场上购回。其好处在于政府没有到期必须还本付息的压力。

6. 以发行的凭证为标准，可分为凭证式公债和记账式公债。凭证式公债是指国家采取不印刷实物券，而用填制"国库券收款凭证"的方式发行的公债。凭证式公债具有类似储蓄，又优于储蓄的特点，通常被称为"储蓄式公债"，具有安全性、好保管、兑现方便的特点。记账式公债是利用账户通过电脑系统完成公债发行、兑付的全过程，称为"无纸化公债"，可以记名、挂失，安全性好、发行时间短、发行成本低、效率高，已成为世界各国发行公债的主要形式。

三、公债资金的使用

（一）公债资金的使用方向

政府发行公债是将资源的使用权和支配权从私人部门转向公共部门，再将筹集到的公债资金用于公共服务提供和投资领域的过程，就是公债资金的使用过程。

简单而言，公债资金的使用就是政府将筹集到的公债资金，按照一定方式和渠道，有计划地用于生产和人们生活的各个方面的分配活动。

公债资金可用于：弥补财政赤字、政府投资性支出、公共消费性支出、转移性支出等方面。公债资金的使用方向不同，将对经济和社会产生不同的影响。

政府要保证公债正确的使用方向和提高资金使用效益。在经济发展的早期，私人资本的力量比较薄弱，为了促进经济增长，政府在收入有限的情况下，通过发债为经济发展创造基础性条件是完全必要的。但是债务收入毕竟是需要偿还的。这就要求政府对债务收入的使用首先必须保证正确的使用方向，强调一般不能安排消费性支出，而应安排投资性支出，但这并不是要求财政去从事竞争性项目投资，单纯地去追求盈利，而是要从事私人资本的确没有能力投资而又是社会经济发展所必需的基础性项目投资及社会基础设施建设。在资金投向合理的条件下，还必须提高资金的使用效益。在保证实现投资目标的条件下，尽可能节约使用资金，努力做到少花钱、多办事、办好事。

（二）公债风险

公债风险是指政府在运用公债组织收入和安排支出过程中，由于财政制度和财政手段的缺陷，以及多种不确定的经济因素所造成损失和困难的可能性。当出现公债无法偿还的情况，这就是所谓的公债危机。

只要发行公债，就会有公债风险；任何公债都有风险，只是风险的大小不同而已。公债风险是潜在的公债危机，公债危机是现实的公债风险。公债风险不一定就必然成为公债危机，前者只是后者的潜在可能性，只要处理得当，公债风险就不会酿成公债危机。

长期以来，为避免因政府举债给国民经济造成不利的影响，确保公债安全运行，我国政府一直高度重视对公债风险进行有效的监控，并责成我国财政部具体负责日常管理工作。财政部结合我国国情，对我国财政赤字率和政府债务相对规模的安全警戒线进行测算，我国政府债务的规模风险、偿还风险都是较低的。为避免债务风险，必须加强对政府债务风险的管理，使其损失和风险降到最低。

四、公债资金的管理

公债管理是指政府为了控制公债的规模和构成，调整公债购买主体的结构、选择适当的公债期限结构和利率水平，提高公债资金的使用效率等而采取的一系列措施，即公债管理包括对公债活动全过程进行的组织、决策、规划、指导、监督和调节等一系列环节。

（一）公债管理的原则

公债管理的原则取决于不同国家及同一国家不同时期的客观经济条件。现代经济运行条件下，公债管理的基本原则是：①政府债券必须是安全可靠的投资，到期必须立即偿还而且要随时能变现；②公债必须维持其货币价值，以避免通货膨胀和通货紧缩的影响；③公债应当尽可能广泛地为全体公众所拥有，以配合累进所得税制，促进收入分配的公平化。

（二）公债管理的政策

所谓公债管理政策是指政府在发行新债或以新债还旧债时，通过公债种类、发行条件等政策性操作，对经济运行产生预期影响的政策。

公债管理政策的基本内容包括个四方面：①在发行新公债时，是发行长期公债还是短期公债？长期公债与短期公债如何搭配组合？②在公开市场操作时，应将哪一种类和条件的公债作为对象？是减少短期上市未偿公债的数量而增加长期上市未偿公债的数量或是相反？从公债管理政策的角度来看，公债种类的多样化是有利的。因为，公债种类多样化一般来说都伴随着公债购买者增多，民间持有公债的数量就会增加，在费用一定的情况下，能保持政府收入的稳定。③在发行公债时，如何确定公债利率？一般来说，偿还期限越长，利率就越高，但利率变化对经济的影响较小，而且利息支付比较稳定；相反，偿还期限越短，利率就越低，但利率变化对经济的影响较小。因此，利率差异导致利率变化对经济影响的不同。④公债持有主体如何选择？如果以银行特别是中央银行作为购买主体，势必带来通货膨胀压力，对经济稳定产生冲击；如果以企业作为购买主体，无疑会减少企业用于实际资本的投资；如果以个人作为购买主体，可能减少消费，也可能减少私人储蓄。

可见，公债管理政策是财政政策和货币政策的延伸，对国民经济运行产生极大影响。

（三）公债管理的目标

既然公债管理政策既与财政货币政策密不可分，又是一种独立的经济政策，那么作为更接近于财政政策的公债管理政策，其目标必须符合财政政策目标的要求。就财政政策与经济运行的关系来看，财政政策目标体系可列为三大类，即经济稳定目标（包括价格稳定目标、充分就业目标、国际收支平衡目标）、经济发展目标（包括经济增长目标、资源合理配置目标）及收入公平分配目标。

因此，财政政策的上述目标也是公债管理政策的目标。同时，公债管理政策作为独立的政策，又有自身的目标，如扩大公债的发行和分配范围、确保政府债券的顺利推销、维持政府债券市场的稳定、尽可能降低举债成本、实现均衡的期限构成、提高公债资金的使用效益等。

公债管理政策的自身目标与财政政策总体目标之间有时会发生冲突。例如从财政角度来说，公债管理政策的直接目标是公债的利息负担最小化，但从经济稳定的观点来看，公债发行要保持一定的流动性。这两个目标在现实中往往是对立的。如果公债总额一定，短期公债的比重若高，流动性就高，市场利率下降。利率降低意味着持有资产的价值增加，而且通过资产效应促使个人消费需求增加。同时，利率降低使企业的投资需求增加，总需求亦增加。相反，长期公债的比重若高，则流动性降低、市场利率升高、总需求减少。因此，在维持一定总需求的前提下，要适当地选择使公债利息负担最小的短期公债与长期公债的搭配组合。

可见，如何确定短期公债与长期公债的搭配是公债管理重要目标之一。为了降低公债的利息成本，在经济衰退时期，由于利率水平较低，故应趁机发行长期债券，以减轻利息负担；在经济繁荣时期，则宜发行短期债券，以免增加长期公债的高利负担。可是，为了经济稳定，在经济衰退时期应当发行短期债券，以刺激总需求增加；而在经济繁荣时期，应当发行长期债券，以抑制需求过旺。这样，在政策目标上出现了两个问题：一是在公债管理政策自身目标与财政政策总体目标发生冲突时，以哪一目标为主？二是如何解决公债政策目标之间的冲突？就前一问题而言，由于公债管理政策只是财政政策的实施工具，故此，从全局来说，公债管理政策目标要服从财政政策总体目标。就后一个问题而言，如果通过货币政策能实现经济稳定，则利息费用最小化可以作为公债管理政策的主要目标。但是，如果公债管理要同时实现上述两个目标，就需要适当地选择公债种类。

第三章　税收分析的内容与方法

第一节　税收分析的主要内容

一、税收收入分析

（一）税收收入分析的概念

税收收入分析是描述在某个时期内的税收收入完成情况，从地区、产业、行业、企业类型、企业规模等角度分析税收收入的结构特征，分析影响税收收入变化的经济因素、政策因素和征管因素，提出加强组织收入工作的意见或建议，形成分析报告的一种税收管理活动。它是税收管理的重要内容和重要环节，是促进税收科学化和精细化管理、充分发挥税收职能的重要手段。

（二）税收收入分析的意义

1.综合反映经济税收信息，有效地发挥参谋助手作用

税收是国家调节收入分配的重要经济杠杆，税收变动涉及国民经济各个部门，作用于社会再生产过程的各个环节。因此，对税收收入执行情况的分析，可以从税收角度及时反映出经济运行速度及质量的相关信息，供领导和上级部门决策时参考。

2.税收收入分析是强化收入监控和税收征收管理的重要保障

通过对税收收入总量、结构完成情况等指标进行分析，揭示组织收入工作中存在的问题，反映征管过程中的薄弱环节，尤其是通过对经济税收相关性的分析，利用宏观税负、行业税负、企业税负等不同层级的指标，通过比较分析，可以体现征收管理的效果，揭示税收征管中存在的问题，加强税收征管和组织收入工作的有效结合。

3.税收收入分析为组织收入工作原则奠定基础

税务机关要认真贯彻落实"依法征税、应收尽收、坚决不收过头税、坚决制止和防止越权减免税、坚决落实各项税收优惠政策"的组织收入原则，通过对税收收入完成情况的总量分析及产业结构、税收政策、征管状况等因素进行分析，可以把税收放在经济发展的大环境中把握其发展趋势；监督税务部门在征税过程中的政策执行进度，对有税不征和收过头税的违法行为进行有效的监管；充分发挥组织收入工作的反映、监督、调控、参谋作用，保证组织收入工作的顺利进行；进一步淡化税收收入计划观念，实现由依计划征税到依法征税的转变。

4.税收收入分析为科学预测提供可靠依据

税收收入分析是税收收入预测的前提和基础，通过对收入情况的跟踪分析、动态监控、测算各种经济指标对现实税源的影响程度及各种涉税政策对税收的影响，可以找出税收与经济之间的一些规律性的东西，预测收入前景，有效发挥税收收入的目标管理作用。

（三）税收收入分析的基本原则

1.客观性原则

客观性原则是指税收收入分析必须客观地反映实际情况，实事求是地分析某一阶段的收入情况、存在问题和发展趋势，这是税收收入分析所应遵循的最基本原则。它贯穿于税收收入分析的全过程。如果违背客观性原则，不仅不能为领导做出正确的决策提供科学依据，还会起误导作用，甚至会给组织收入工作造成重大损失。

2.整体性原则

国民经济是一个由众多要素构成的复杂整体，其中每一个要素的发展变化都受其他要素的影响，而其反过来又会影响其他要素。因此，在对作为其中一部分的税收进行分析时，必须把它放在整体中加以考量，深入研究税收与经济之间、整体与整体、整体与部分、部分与部分之间的相互关系和内在联系，揭示其本质规律，保证税收收入分析的准确性和科学性。

3.连续性原则

税务部门组织税收收入是一个连续的动态过程，它与国民经济的动态发展过程是相吻合的。税收收入分析必须遵循连续性原则，基期税收收入必然会对报告期税收收入有影响，而报告期税收收入也必然受基期相关联的因素影响，要对影响当期税收收入的诸多因素进行动态、连续的分析，逐步深化对税收收入发展变化的不同特点、发展趋势的认识，而不能局限于某点上孤立的、片面的分析。

4. 定性分析和定量分析相结合的原则

定性分析是对事物发展的性质所做的分析和判断；定量分析是对事物的发展程度和数量关系所做的分析与预测。从定性的角度看，经济决定税收，国民经济发展规模最终决定税收收入规模，生产的规模、速度、水平、经济效益及与之相关的经济结构、产业结构、行业结构决定税收收入规模、增长速度和税收构成，可以说定性分析是税收分析的基础。同时，经济发展与税收收入增长之间还存在一定的数量关系，只有揭示出经济与税收之间的数量关系，才能准确地预测税收的发展趋势，因此，税收收入分析必须遵循定性分析和定量分析相结合的原则。

5. 重要性原则

影响税收收入的因素很多，一一罗列、逐条逐个地分析既抓不住主要矛盾，又不能事半功倍。因此，税收收入分析要突出重点，要抓住重点税种、重点税源、重点因素和重点地区，才能收到理想效果。

6. 及时性原则

税收收入分析是为各级税务机关领导分析、决策税收收入工作服务的，对各级政府进行经济决策也有一定的参考作用，时间要求非常严格。因此，税收收入执行情况分析必须遵循及时性原则。

（四）税收收入分析的基本内容

1. 全面反映各级税务部门组织收入情况、收入进度和执行结果

税收收入分析要按预算级次、税种、地区、品目对本期税收入库绝对额进行分析，通过与邻期、同期和收入计划的数额对比，对本地区收入完成情况进行展示和评估，找出影响收入完成情况的主客观因素，预测税收收入的发展趋势。

2. 反映本期税收收入的特点

税收收入分析要揭示税收收入的突出特点及规律性，如本期税收收入与客观经济变动是否适应、工业环节的增值税与工业增加值之间是否同步、中央级收入和地方级收入的比重及增减情况与同期相比有什么变化等，从动态上分析税收发展的趋势，把握其发展变化的规律。

3.反映重点税源的发展变化情况

通过对静态的重点税源数据进行比较分析和深入企业进行实际的调查研究，了解重点行业、重点企业的生产经营及纳税情况，掌握第一手资料，预测税源的变化趋势。

4.反映经济税收政策的变动及征管质量对税收的影响

经济、税收政策的变动是影响税收收入的重要因素。每一项经济、税收政策的出台都会直接、间接地影响税收收入，收入分析要把经济和税收政策对收入的影响进行量化，客观、如实地反映其影响程度。同时，税收收入完成得好坏，与组织收入工作的质量和征管质量有着密切的关系，因此，应把收入分析与征管质量评价考核结合起来，利用有关税收经济指标和税收征管质量评价考核指标，反映各地工作的开展情况，衡量各地的征管力度，把组织收入工作中的成功经验加以推广，从而不断提升征管质量。

（五）税收收入分析的对象

1.税源

税源，顾名思义，即能够产生税收的源泉，是税收之根本。税源因税制而存在，现行税源与经济密切相关。税源又细分为以下三个方面：

（1）投资

①投资对税收增长的间接影响。

②投资形成存货影响税收收入。

③投资对税收的滞后影响。

（2）消费

①消费是 GDP 的组成部分。

②消费与税收收入密切相关。

（3）出口

①进口总额和进口环节税收征收率的影响。

②出口方的出口总额和出口退税率的影响。

2.税制

（1）纳税人

纳税人适用的标准税收制度包括各法律法规、条例，如增值税条例、消费税条例、企业所得税法、税收征管法，以及各种规范性文件、各种税收优惠政策等，特别是税制变化的内容要重点关注。

（2）税务机关关注的征税方式方面的制度

征税方式方面的制度包括总分机构预缴汇缴政策、单个纳税人异地预缴汇缴政策、免抵调库政策、税收预算级次划分政策等。

3.税收征管

（1）持续性征管水平

持续性征管水平的表现形式包括行业建模、制度创新、一窗式管理、小规模纳税人管理、车辆购置税一条龙管理、卷烟消费税管理、企业所得税核定方法规范、各税种加强管理堵塞漏洞的办法、金税工程管理、清理漏征漏管户管理等。

（2）一次性征管水平

一次性征管水平的表现形式包括稽查、纳税评估、反避税、税务审计、专项检查等。一次性征管力度提升也存在着持续效应。

4.税务机关主观能动力

表现形式有免抵调库力度、退库力度、税收调控、税收政策从紧或从松。

影响因素包括政府财政约束等。

二、经济税源分析

（一）经济税源的概述

经济税源简称"税源"，即税收收入的经济来源。从广义上来说，税源归根结底是物质生产部门的劳动者创造的国民收入，税收来源于经济，离开经济的发展，税收即成为无源之水、无本之木。从狭义上来说，税源则指各个税种确定的课税对象。从归宿上来说，税源即税收的最终来源，也即税收的最终归宿。税务实际工作中所说的税源是就狭义的税源而言的，具体指与各个税种征税对象有密切联系的生产、销售、利润等在一定时期内的数量状况。经济税源作为税收收入的经济来源，其丰富程度决定着税收收入量的规模，税收收入随着国民经济的发展和国民收入的增加不断地增长。

经济税源分析主要是反映税收占国民收入的比重变化、税收与经济发展的协调度、影响经济税源的因素及经济税源发展趋势。经济税源分析在税收分析工作中使用频率高、范围广、实用性强，是政府、税务及社会各界广泛关注的涉税事项，它对完善税收制度、加强税收征管有积极意义。常用的经济税源分析有税负分析、税收弹性分析和税源分析三种。

（二）经济税源分析内容

根据分析的目的和角度不同，经济税源分析可以概括地分为税负分析、税收弹性分析和税源分析三大类。

1. 税负分析

所谓税负即税收负担，是指国家征收的税款占纳税人税源数量的比重，反映出税款与社会新增财富之间的内在关系。以不同主体为出发点，税收负担具有两个方面的含义：一方面，从国家的角度看，税收负担反映出国家在税收课征时的强度要求，即要征收多少税收；另一方面，从纳税人的角度看，税收负担反映出纳税人在税收缴纳时的负担水平，即承担了多少税款。税负就是税收规模与经济规模的对比。

税负分析按照其分析的对象和角度的不同，可分为宏观税负分析和微观税负分析两大类，其中宏观税负分析又可进一步分为地区税负分析、税种税负分析和行业税负分析三种。

（1）地区宏观税负分析

地区宏观税负分析是指一个地区（国家、省、市、县等）在一定时期内税收总收入占当期社会新增财富的比重，反映出一定时期纳税人因国家课税而承受的经济负担水平，是一个受制于国家政治、经济、财税体制等诸多因素的综合经济指标。

工作中进行宏观税负分析时，常用以下两个口径：

①全口径税收宏观税负，是指全口径税收收入（一个地区的国、地税部门征收的全部税收收入，包括海关代征税收、免抵调库收入）占该地区生产总值的比重。

②国内口径税收宏观税负，是指一个地区全口径收入扣除海关代征税收后的税收收入占该地区生产总值的比重。

国税部门分析宏观税负时，税收收入是指国税部门负责征收的税收。

（2）税种税负分析

单项税种的税负分析是指在一定时期内某一税种的收入占该税种税基的比重，反映该税种的征税强度，是分析和研究税收制度与税制结构的重要内容。

（3）行业税负分析

行业税负分析是指按照统计局发布的国民经济行业分类，预算某行业的税收与相关税源之比，计算出某行业税负。

（4）微观税负分析

微观税负分析是利用微观税收和经济数据开展的企业层面的税负分析，如企业实现税金与销售收入对比、应纳所得税与利润总额对比。

实际税负分析工作中可以将宏观税负与微观税负分析结合起来，进行税负综合分析。税负分析中要注意进行五个比较，即实际税负与法定税负的比较、不同地区之间的宏观税负比较、同行业税负比较、不同税种税负比较，以及企业税负与所属行业平均税负的比较。通过这些比较来反映实际税负与法定税负的差异，揭示地区、行业、企业及税种税负之间的差异和动态变化，据此评判检验税收征管的努力程度，按照"宏观看问题、微观找原因"的思路，将问题提交管理部门进行纳税评估，真正找出管理上的漏洞。

2. 税收弹性分析

弹性是西方经济学的基本概念之一，主要用来衡量某一经济变量随另一经济变量的变化而变化的力度或敏感性。

税收弹性，也叫作税收收入弹性，是指税收收入的变化与经济发展变化情况的比重。其宗旨是对整个社会的宏观税收负担程度进行比较分析，了解掌握整体税负的变化，以便从宏观上对全社会经济效益进行分析研究，并从动态上分析研究税收相对经济变化的量变及其运动规律。

税收弹性表示税收增长与 GDP 增长之间的对比关系，具体有以下三种情况：

（1）税收弹性＞1，表明税收富有弹性，税收的增长速度快于 GDP 的增长速度，或者说高于经济增长速度；

（2）税收弹性=1，表明税收为单位弹性，税收增长速度与 GDP 增长速度同步，或者说与经济发展同步；

（3）税收弹性＜1，表明税收的增长速度慢于 GDP 的增长速度，或者说低于经济增长速度。

经济学界一般认为，0.8～1.2为弹性系数合理区间。合理的税收比例对经济发展有促进作用，但税收收入增长过缓，也会影响政府的宏观调控能力。

开展税收弹性分析，可以得知税收增长与经济增长是否协调，可以对收入形势是否正常做出判断；可以通过对税收增长与经济增长不协调原因进行剖析，从而进一步查找影响税源和税收变化的因素，从中发现征管中存在的薄弱环节和漏洞。弹性分析是深化税收分析必须紧紧抓住的一条主线，在税收分析中具有重要意义。在开展税收与经济对比分析中，不仅要从总量上进行经济增长与税收增长的弹性分析，而且要从分量上、税种、税目、行业以至于企业等多方面税收弹性观察税收与经济增长的协调性。做好税收弹性分析要注意剔除税收收入中的特殊因素，以免其影响真实的弹性，掩盖税收征管中的问题。根据目前情况，要进一步加强增值税与增加值、企业所得税与企业利润的弹性分析，积极进行消费税等各税目与相关经济指标的弹性分析。通过深入细致的弹性分析，深挖税收与经济不适应的根源，解决管理中存在的问题，促进税收与经济协调发展。

3.税源分析

税源是经济发展成果在税收上的体现，是税收的起点，因此也是税收征管、税收分析的起点。开展税源分析的目的，就是要了解真实税源状况，判断现实征收率，并据以查漏补缺、应收尽收。工作中接触到的税源分析主要有重点税源分析和税源调查分析。

（1）重点税源分析

重点税源的纳税额相对比较大，规模和影响力突出。重点税源分析可以是一户企业分析，也可以是重点行业或多户企业分析，还可以是影响一个地区税收的重点监控税源分析。

主要的分析方法有以下六种：

①进度分析，就是根据分析时点的需要，将重点税源税收收入实际数与计划数进行比较，分析计划完成进度和重点税源变化情况。②趋势分析，即以本期实际数与上期或上年同期实际数相比较，以分析重点税源的发展变化趋势。③结构分析，即按不同标志分组对比重点税源结构的变化情况，如按税种、按行业、按地区、按经济类型、按同一产品的不同等级、按不同产品的比重等分组进行比较，以分析重点税源构成的变化情况。④因素分析，即全面分析社会经济变化中各因素的变化对各项税收的影响程度。⑤季节变动分析，即通过将各年各季税源

资料加以整理，分析经济税源在各年各季的变化及分布情况，从中找出税源季节性变动规律。⑥相关指标分析，即通过对相关指标分析，例如产品数量与课税数量等进行分析，找出其因果或比例关系。

（2）税源调查分析

税源调查分析是对经济税源调查工作的总结，该类分析应保持数据真实、逻辑清晰、深入透彻，能充分反映税源情况，科学指导税收计划管理。按照分析报告结构完整的要求，税源调查分析应包含税源基本情况介绍、新增税源介绍、影响因素分析、重点行业税源介绍、全年税收预测及工作措施等方面。通过对各个角度的分析，为做好各阶段税收计划建设和税收征收管理工作提供科学依据。

其中影响因素分析一般应包括四个方面：①政策因素对税源的影响。税收作为一种以国家为主体的分配行为，其收入来源必然受一定时期国家政策的影响。如税收制度和税收政策的影响、财政政策和产业政策的影响等。②产业因素对税源的影响，产业因素对税源的影响反映在产业结构、产品结构的变化上，产业结构的变化将影响税收收入结构的变化，而产品结构的变化将直接关系到税收数量的变化。③价格因素对税源的影响。价格总水平的变动对税收来源的影响可能出现两种情况：在总体价格水平上涨有利于资源的合理配置时，将会促进税源增长；但是在物价上涨幅度过大，引起资源配置严重失调时，不仅会减少税收来源，还可能出现社会动荡。④管理因素对税源的影响。在经济环境和税收制度一定的情况下，能否保证税收收入及时、足额入库的关键在于税收征管水平。

三、税收管理风险分析

（一）风险和风险管理的定义和含义

1. 风险的定义

风险是指在某一特定环境下，某一特定时间段内，某种损失发生的可能性。或者在某一个特定时间段内，人们所期望达到的目标与实际出现的结果之间存在的差距。

2. 风险管理的定义

风险管理主要考虑纯粹风险，并管理这些风险。风险管理是一种应对纯粹风险的科学方法，它通过预测可能的损失，设计并实施一些流程去最小化这些损失发生的可能性；对于已发生的损失，最小化这些损失所带来的经济影响。

3.税收风险管理的含义

税收风险管理理念是近年来各地都在研究探讨的新税收管理模式，其含义是将现代风险管理理念引入税收征管工作，旨在应对当前日益复杂的经济形势，最大限度地防范税收流失，规避税收执法风险；实施积极主动管理，最大限度地降低征收成本，创造稳定、有序的征管环境，是提升税收征收管理质量和效率的有益探索。在现实税收管理工作中，如何更好地引入风险管理理念、强化税源管理、规避执法风险是当前着重探讨的问题。

4.税收风险管理分析的含义

税收风险管理分析是针对确定的风险分析对象，通过调研和收集各类数据，将数据按照分析指标进行归纳整理，然后根据数据分析和调研的结果，总结分析对象的现状，指出其存在或者可能存在的风险点，最后将风险点分解落实，并提出加强管理的建议。

（二）税收风险管理分析的对象和主要内容

税收风险按其对象划分主要有两种：一是税源监管风险；二是税收执法风险。

税源监管风险。近年来，税务违法违章案件越来越多，金额越查越大，究其原因，与很多因素有关。如国税、地税机构分设所带来的信息不畅和差异、税制结构是否合理、税种设置是否科学、征管环节的多少、纳税手续的繁简及税率是否适当、是否超出了纳税人的心理及经济承受能力、逃避税收得到的利益与被处罚应付出的预期代价之间的权衡等。这些因素都影响着纳税人是否采取逃避税收的行为，是税收征管中产生漏洞的潜在因素。为弥补这些漏洞，需要税务机关、税务人员进行研究，寻找对策，强化税源管理。这种对税款产生潜在的影响实际上就是一种税源监管风险。

税收执法风险是指税务机关在执法过程中，由违反税收法律法规的行为所引起的不利的法律后果。它包括对税法及相关法律法规理解偏差而导致的执法过错，从而带来的执法风险，以及由执法程序不严谨、执法随意性大带来的执法风险和滥用职权、玩忽职守、徇私舞弊等造成的执法风险。同时，随着整个社会法治建设不断完善，纳税人法制观念不断增强，对税务机关执法手段、征管方式等要求越来越高。如果执法方式不合理，容易促使征纳双方矛盾激化，进一步加大执法人员的执法风险。

税收风险管理分析的内容主要是对税收管理风险点的分析，以查找风险点为切入点，研究如何严密内部管理机制、如何创新完善制度和健全纪检监察协作配合机制，最终达到二者结合共同预防税收风险的发生。

1.税源管理风险点

把潜在的税源转化为税收，要求税务机关必须与时俱进，不断更新征管手段，适应新形势的变化、解决新问题。要充分发挥税收管理员的职业敏感，综合知识和分析能力，对所分管企业进行税源风险识别。结合社会环境、经济发展程度、经营者素质、企业效益等因素综合评价确定高风险税源点片区、行业、企业等，即哪些地方最容易出现税款流失及不依法纳税、偷税漏税等问题。综合采用行业税负比较法、各税收与相关经济指标对比等方法，分行业、分税种地进行横向纵向比较，重点锁定高利润行业、经营流动性大的行业、新型行业及难以监管行业，把这些税源管理难点确认为税源管理风险点。

2.税收执法风险点

目前，在税收征管工作过程中容易产生执法风险的环节主要存在于管理、稽查、审批减免缓抵退税和违章处罚方面，其发生与税收执法人员综合能力息息相关，如由政治素质产生的滥用职权、玩忽职守、徇私舞弊、以权谋私问题，由业务能力产生的不作为、违规执法、政策理解偏差及自由裁量权的不当运用带来的问题等。其他环节如税务登记、发票管理、账簿凭证管理、纳税申报、税收保全、强制执行措施等。目前来看，产生执法风险的情况相对较少，但随着整个社会法制化进程的加快及纳税人法律意识的不断增强，对于税收征管整个流程的各个环节都应提高风险意识。

四、税收预测分析

（一）定义与意义

税收预测是以政府宏观调控政策为指导，以影响税收收入变化的因素和税收历史资料为基础，运用数理统计和逻辑思维等方法，对未来税收收入的发展趋势进行预估、测算和推断。它是税源管理的重要组成部分，是提高税收收入工作主动性和预见性，实现科学决策与管理的重要手段。

税收预测分析的目的是准确判断经济发展和税收收入形势，指导组织收入，为税收决策提供科学依据，促进税收的征收管理，发挥税收的监督职能。税收预测分析是对预测结果的说明与检验，也是事前反映和监督税源、税收变化的有效方法，可有针对性地为开展税源监控、税收征管、纳税评估和税务稽查提供参考。

（二）内容与分类

税收预测的内容包括预测经济税源发展变化、预测税收计划完成进度、预测税收政策实施情况、预测税收管理措施的落实效果。

1. 预测经济税源发展变化。根据国民经济统计资料和专题材料及经济主管部门提供的信息，预测经济税源的发展动态，包括工农业生产发展速度、主要工农业产品产量、产品价格、销售额、社会商品零售额、社会的购买力情况等。

2. 预测税收计划完成进度。根据税收统计资料，在对经济税源发展势头做出准确预测的基础上，对税收收入在预测期可能达到的水平及完成税收计划目标的程度做出推测，从而便于采取对策，确保计划目标的实现。

3. 预测税收政策实施情况。在深入调查研究的基础上，预测税收政策对于调节生产、流通、分配和消费的作用及效果，以便及时提供政策实施的反馈信息，为领导决策提供依据。

4. 预测税收管理措施的落实效果。根据不同时期不同地区所采取的加强税收征管的措施、办法来预测其作用和效果，从而揭露矛盾，发现优劣，促进征管水平的提高。

税收预测分析可从宏观和微观两个层面进行。宏观预测分析是运用税负比较、弹性分析等手段，对税收总量、税种、行业等宏观领域税收与经济总量的关系进行分析研究，综合税收政策因素和税收征管因素，预测总体税源的纳税能力；微观预测分析是以具体的纳税人为对象，对纳税人生产经营活动和税款缴纳情况进行调查，对纳税人的财务指标和税源指标变化趋势进行分析，预测区域税收形势。预测分析的种类按性质可分为定性预测分析和定量预测分析；按时间可分为长、中、近期预测分析和短期预测分析；按对象可分为总量预测分析和单项预测分析；按范围可分为全面预测分析和局部或区域预测分析。

当前各级国税机关定期开展月度、季度、年度税收预测，税收年度预测、季度预测和月度预测分别是制订年度、季度和月度税收计划的依据。年度预测除年初上报本年度计划建议以外，分别在9月、10月、11月和12月上报；季度预测分别在1月、4月、7月上报；月度预测分别在上旬、中旬随同旬报上报。应对预测过程中出现的重大增减因素、一次性因素、同比负增长因素及税收政策变动因素等形成预测分析报告一同上报。

（三）流程与方法

1. 流程

税收预测分析工作的基本流程是：确定预测目标和预测期限 —— 数据资料的收集、筛选和初步分析 —— 确定预测方法、模型 —— 开展预测分析、形成预测结果 —— 根据素材和写作目的构思结构 —— 撰写分析报告。

数据资料的收集既包括收集历史资料也包括调查资料，既有数据资料又有文字资料。这样可使预测建立在丰富、确凿的信息基础上，从而保证预测结果的准确可靠。数据资料的筛选，即对所收集到的资料在使用之前认真地整理和审核，以保证资料的准确性、系统性、完整性和可比性，从而使数据在质量方面得到可靠保证。初步分析，即研究审核和整理后的资料结构的稳定性，从而为选择适当的预测方法、模型奠定基础。

2. 方法

税收预测分析的方法包括税收调查预测法、宏观税负与税收弹性预测法、滚动预测法、税收趋势预测法、税收回归预测法。

（1）税收调查预测法

税收调查预测法是通过对税源的调查取得经济税收数据资料进行定性分析预测税收发展趋势的一种方法，通常有抽样调查和重点调查两种预测方法。抽样调查预测是从全部税收调查对象中，抽取部分具有普遍性和代表性的企业进行调查，通过对抽样企业的经济税收的增减变化趋势进行分析，从而找出税收发展变化的一般规律，对税收收入形势进行定性预测。重点调查预测是通过对税收总规模中起决定作用的重点税源的生产经营指标和税收数据进行分析，根据其同期、本期、预测期间的规模、结构、增减、进度等变动情况，分析测算出重点税源税收收入预测值，进而预测税收总量及变化趋势。此方法尤其适用于县级税务机关。

（2）宏观税负与税收弹性预测法

宏观税负与税收弹性预测法是通过运用时间序列平均增长的原理，用宏观税负和税收弹性两个指标进行简单的税收收入预测的一种方法。本办法应满足三个前提：一是事先能够较为准确地预测相关的国民经济发展指标，如 GDP、规模以上工业增加值、规模以上工业企业利润、社会消费品零售总额等；二是能够较为准确地评价税收征管、稽查等对税收征收效率的影响；三是经济指标与税收收入之间存在客观关系，并且是经过历史经验数据验证的。

GDP 税收负担率预测方法：以本年预计实现的 GDP 值和上年的税收负担率为依据，预测本期税收收入。其计算公式为：

$$本年收入 = 本年度 GDP 预计值 × 上年税收负担率 \qquad （3\text{--}1）$$

弹性系数预测方法：以上年税收收入为基数，根据上年税收与 GDP 的弹性系数来确定本年税收增长系数，预测本年税收收入。其计算公式为：

$$本年收入 = 上年收入 × （1+ 税收增长系数） \qquad （3\text{--}2）$$

$$税收增长系数 = 本年 GDP 计划增长率（工业增加值率等）× 税收弹性系数$$

$$税收弹性系数 = 税收增长幅度 /GDP 增长幅度 \qquad （3\text{--}3）$$

（3）滚动预测法

滚动预测法是预测近期活动发展趋势常用的预测方法。按照预测期间长度的变化与否来分类，有两种基本形式：一种是根据给定固定长度的预测期间的不断递推来实现滚动预测，即预测期间总的长度是根据需要给定不变的，随着近期活动的完成，再加一个单位的预测期间继续向前预测；另一种是预测期的终点是给定的，随着近期活动的不断完成，预测期间不断缩短，在已实现数据的基础上修改预测参数，继续滚动预测其余期间的态势。

（4）税收趋势预测法

税收趋势预测法是利用税收收入完成指标所组成的时间数列资料所反映的发展趋势和发展速度，进行外推和延伸，预测未来税收收入水平的一种预测方法，又叫时间数列分析法，主要有平均发展速度预测法、移动平均预测法、指数平滑预测法和线性趋势预测法。

平均发展速度预测法，是通过计算整个税收收入时间序列的平均发展速度，以此发展速度以乘预测期上一期的税收数值所得结果，作为预测期税收数值的一种方法。

移动平均预测法，是对平均发展速度预测法进行修正后的一种方法，考虑时间序列的趋势性和周期性，在一定程度上消除了不规则、随机的因素影响，对给定固定长度的时间序列，每次移动地求出平均发展速度，用以预测下一期税收数值。

指数平滑预测法，从移动平均预测法演变而来，是加权移动平均预测法的一种，它对整个时间序列分别给予不同的权数进行加权平均，即对不同时间点的数据做不等权处理。本期预测值加上误差修正值（平滑指数乘本期预测误差）即为下一期预测值。只要知道本期的实际值和预测值即可预测下一期税收。

（5）税收回归预测法

税收回归预测法是利用一个变量变化去推断另一个变量变化的一种回归分析预测方法。通常包括一元回归预测法和多元回归预测法。

一元回归预测法是分析一个因变量与一个自变量之间的线性关系的预测方法。根据因变量税收收入、工业增值税、商业增值税、企业所得税等指标的不同，自变量可选择 GDP、规模以上工业增加值、社会消费品零售总额、规模以上利润总额等指标。通过一元线性回归模型得出回归预测方程，带入预测期自变量值即可得到因变量预测值。

多元回归预测法是在确定两个或两个以上的自变量和因变量之间的相关关系的基础上，建立回归数学模型进行预测的一种预测方法。首先，运用因素分析法全面考虑影响税收收入的各因素（如 GDP、规模以上工业增加值、社会消费品零售总额、规模以上利润总额、进出口贸易总额、财政支出、税收政策变动影响、征管稽查因素影响等）；其次，进行简单的相应分析，按照变量间是否有较强的线性关系选择是否进入回归方程；最后，通过逐步回归法确定影响税收收入的主要因素，进行相应的回归分析。

（四）数据准备工作

做好税收预测分析工作，需要建立在强大的数据基础之上。

一是建立经济税收数据档案。经济税收数据是研究测算未来税收增减趋势的基本资料，是统筹规划税收形势的数据基础。日常工作中可充分利用统计年鉴和国税年鉴，对历年来的经济税收数据进行建档保存，将本地区生产总值、规模以上工业增加值、社会消费品零售总额、企业利润总额完成情况，以及年度税收总额，分税种、分行业、分级次、分县区完成情况等数据以表格形式进行统计，保障经济税收数据使用的连续性和一致性，为开展税收预测、分析工作提供翔实的资料，为全面掌握税收形势奠定数据基础。

二是汇编历史重点税源数据。为减少重点税源调查工作中的重复劳动，保证重点税源数据的连续性，最好将近年来的重点税源企业资料汇编成册，选取本地区具有行业代表性的企业，将其基本资料和主要的经济税收指标整理建档，逐年更新续存，使其成为领导和从业人员的手边工具书，同时也为加强重点税源管理分析提供有力的数据支撑。

三是实时管理当期重点税源数据。对影响全局的重点税源企业实行动态化账簿管理，对其经济税收数据及时统计入账，及时发现经济税源运行中存在的问题，为有针对性地开展税源调查分析和税收分析提供支持。

四是常态化内外部信息交流。在系统内部，可通过邮件、电话、会议等形式充分交流信息，及时掌握税源发展变化。对于外部相关部门，主动加强联系，建立数据信息互换平台，了解各部门的最新数据，及时把握经济税源发展变化。选取企业进行必要的税源调查。通过微观税源发展变化了解企业经营情况、行业情况、市场需求变动等，由点及面，掌握最前沿的经济运行趋势，为全面掌握全局组织收入形势提供保障。

五、税收会计分析

（一）税收会计分析的定义

税收会计分析是以税收会计核算资料为主要依据，运用科学的分析方法，对税收资金运动过程及其结果进行综合、全面的研究和评价，揭示税收工作的成绩和问题及其原因，并提出改进的建议，它是税收会计核算的延续。积极开展税收会计分析，对充分发挥税收会计的反映和监督作用有着十分重要的意义。

（二）税收会计分析的对象与内容

1. 税收会计分析的对象

税收会计是国家预算会计的一个重要组成部分，是核算与监督税收资金运动的一门专业会计。它以直接负责税款征收、入库业务的税务机关为会计主体，以货币（人民币）为计量单位，运用会计核算的基本原理和方法，对税收资金及其运动进行连续、系统、全面、综合的核算与监督，为税收决策及时、准确地提供信息资料，以保证税收政策法规的正确执行和各项应征税款及时、足额入库的一种税收管理活动。这一概念的内涵包括以下四层含义：

（1）税收会计的主体是直接负有组织税款征收与入库职责的税务机关；

（2）税收会计的客体是税收资金及其运动，其具体内容包括应征税金、待征税金、待解税金、在途税金、入库税金、减免税金、欠缴税金、提退税金和损失税金等；

（3）税收会计的基本职能是对税收资金及其运动进行核算和监督；

（4）税收会计具有反映税收政策的作用，如税收会计科目的设置反映税收政策的现状，而科目设置的改动在大多数情况下反映了税收政策的变化。

2.税收会计分析的内容

税收会计分析是会计核算管理工作的最后一个环节，也是会计管理的最高阶段。在这个阶段，会计分析利用会计核算的结果研究分析税收资金运动的特征，提出税收资金运动过程中可能存在的问题，并揭示问题的成因，提出辅助决策建议。税收会计分析主要围绕税收会计核算的内容展开，其具体内容主要有以下六个方面：

（1）应征税金分析

主要对分析期内实现的税金总量，分地区、分税种与基期对比、与应征税金总额对比，以了解各地区、各税金总量变动规律与发展趋势。

（2）欠缴税金分析

主要对分析期内应缴未缴的税款，分地区、分税种与基期对比、与欠缴税金总额或应征税金对比，通过增长率和应征欠缴率掌握欠缴税金各构成部分的变动情况及对欠缴税金总量的影响程度，为及时控制和清理欠缴提供依据。

（3）减免税金分析

主要对分析期内的减免税款，分地区、分税种、分减免性质与基期对比、与减免总额和应征税金对比，熟知减免税金的变动趋势和影响减免税金变动的主要因素。

（4）在途税金分析

主要分地区与应征税金相比，并结合税款在途时间对分析期内的在途税金进行分析，以了解在途税金是否正常、是否存在占压税款现象，以便采取措施，加快税款入库速度。

（5）提退税金分析

主要分析各地区、各税种和各种不同性质的提退税金变化情况与各构成部分对提退税金总量的影响程度，以及提退税金占应征税金的比重变化情况。

（6）入库税金分析

入库税金是税金运动的终点，它是应征税金减去税金运动过程中所发生的减免税金、欠缴税金、待解税金、损失税金、在途税金和提退税金后的余额。保证各项应征税金及时足额入库，是税收管理工作的主要任务。因此，对入库税金进行分析，实质上是对税金运动各环节的综合分析，是税收会计分析的核心。它对于评价税收管理工作和分析税收收入计划完成情况有着极为重要的意义。入库税金分析除按地区、按税种与基期和应征税金进行对比分析外，还需要进行因素分析，即将应征税金、减免税金等各种税金作为影响入库税金的各个因素，分别判断并计算每个因素对入库税金的影响方向与程度，从而找出影响入库税金变化的主要因素。

（三）税收会计分析的作用与意义

税收会计分析的作用与意义在某种程度上能通过税收会计来反映，因为税收会计分析本身就是税收会计的组成部分。其作用与意义主要有以下四个：

1. 完整反映

完整、及时、真实地反映税收业务活动。在税收会计核算的基础上，通过分析完整地反映税收业务活动中能够用税收资金表现的各个方面，如申报税款、征收税款、检查补税、罚没款项、减免税款等。

2. 真实披露

税收会计本身就具有披露组织内部经济信息的功能。利用会计核算独特的方法，认真执行各项税收法规、国家预算管理制度、国家金库制度、税收会计制度及其他财经规律，通过会计核算和会计检查，真实地披露有关税收资金运动的信息。那些不能通过检查账目一目了然地发现其中问题的，必须通过税收分析予以揭露。通过深入剖析，找到问题之所在及其成因。

3. 保证核算客体的安全

监督税款及时、足额入库，保证国家税款的安全完整。凡税款皆属国家所有，应及时、足额缴入国库，任何单位和个人都不得延误、积压和占用。通过税收会计分析，为各级税务主管部门及时提供税收资金运行状况。通过对税收资金的严密跟踪、反映和监督，保证其安全完整。

4. 保证税收计划的准确制订和顺利完成

编制税收计划必须切实掌握税收收入的有关历史资料，而税收会计所反映的正是关于税收收入成果和税收收入过程的全部历史信息，这些信息是准确制订税收计划的重要依据；同样，通过对这些信息的分析，可以及时掌握税收计划的完成进度，发现差距，以便采取必要的征收管理措施，确保税收计划的完成。

（四）税收会计分析的特点

1. 逻辑严密

税收会计自身所具有的逻辑严密性决定了税收会计分析必然具有这个特点。税收会计将税收资金分为两形态、三阶段、四环节。两形态指税收资金来源和占用形态。三阶段指申报、征收和入库阶段。四环节指纳税申报、开票收款、上缴税款和办理税款入库环节。在将资金进行分类的基础上，再以相互关联的账户和报表体系将各种会计要素有机地结合在一起。

2. 专业性强

税收会计分析以会计核算为基础，因此其分析方法、分析语言、分析结论都显示出与会计学及税收会计紧密联系、专业性强的特点，如应征税金、欠缴税金、入库税金分析是典型的税收会计语言。

3. 集中分析税收资金运动特征

税收会计分析始终围绕税收资金运动的过程和结果进行，不像计划、统计、宏观分析那样以经济指标为分析和对比的基础。税收资金运动有四大特点：一是税收资金形态的转化不像企业资金那样与实物形态的转化相联系，它只表现为现金流量在不同运动阶段上的不同形态，强调的是货币资产在空间位置上和所有权上的转移；二是税收资金运动的阶段划分不像企业资金那样明显；三是税收资金运动不会增值；四是税收资金运动不存在循环与周转。税收会计分析也正是针对税收资金的这些特征分析税款是否及时、足额入库以实现所有权的转移，并分析税收资金存在形式的合理性等。

4.重视微观分析

由于会计主要是针对企业经营行为进行核算，会计分析也以企业分析为中心，因此会计分析主要反映税收与微观经济的关系。

六、税收统计分析

（一）税收统计分析的定义

税收统计分析，是指根据政府的经济政策和税收政策，按照科学的理论和统计分析方法对通过调查收集的国民经济和社会发展情况，以及税源和税收收入情况等统计资料进行加工整理，以及系统、定量的分析研究，表明问题产生的原因，揭示这些现象的本质及其规律性，提出解决问题的办法，为各级领导决策提供参考。由此可见，税收统计分析是一种税收管理活动。它对税收收入的主要特征及税收与各种经济现象的关系从量化角度进行分析，然后得出结论，并提出可供决策参考的政策建议，最终形成分析报告。税收统计分析是统计信息、咨询、监督整体功能的集中体现，是税收统计全过程的一个重要方面，也是税收统计的最高阶段。

（二）税收统计分析的对象和内容

税收统计的基础任务是进行统计调查、统计整理、统计分析，提供统计资料，实行统计监督，反映经济税源发展变化情况和税收政策的实施效果，为研究制定国家税收政策、编制和检查税收计划服务。其具体任务有以下三个方面：

1.研究建立税收统报表指标体系，正确反映税收的规模、水平和构成，研究各个时期、各个地区税收分税种、分经济类型的发展变化，相互间的比例关系及其规律性，为国家及时了解税收的收入状况、有计划地组织财政收入、编制和检查监督税收计划执行情况提供依据。

2.根据国家经济政策，通过对税务统计资料的收集和整理，研究税收在宏观经济调节中所发挥的作用，为国家制定和检查税收政策提供依据，同时也为各级领导了解情况、指导工作和研究政策提供各项统计调查资料。

3.通过税务统计资料的分析，及时反映有关经济活动的动态和规律性，对税收活动进行统计监督，为加强税收的征收管理工作提供决策信息。

（三）税收统计分析的作用和意义

1.满足市场经济条件下税务管理决策对决策信息的需求

市场经济的基本特征之一就是决策的民主化。搞好税收统计分析可以提高计划性和预见性，满足实行科学决策、科学管理的要求。通过统计分析可以监督反映各项税收政策的实施效果并揭示存在差异的原因，为决策者科学决策提供可靠的建议。

2.分析社会经济发展变化对税收的影响

税收来源于经济，又反作用于经济。通过税收统计分析，能不断提高对税收的认识深度、精度和广度。根据经济发展变化的趋势，利用税收与经济发展的关系，指导组织收入工作；反过来，利用经济与税收的关系，适时地提出促进经济发展的税收政策。

3.研究税收领域的发展规律和税务效益

搞好税收统计分析有利于促进税务统计改革和税务统计科学研究的发展，有利于促进税务统计理论和统计方法的变更，逐步实现税务统计工作的现代化。

4.发挥统计的整体功能

搞好税收统计分析是充分发挥税务统计整体功能、广泛参与决策、实现优质服务的根本途径和重要保证。税务统计部门作为国家税务管理系统的重要组成部分，同时拥有信息、咨询、监督三种职能，并构成有机整体，发挥整体功能。信息职能、咨询职能、监督职能三种职能，是相互作用、相辅相成的。因此，搞好税收统计分析工作可以预测税收经济现象、税务征管工作和组织收入发展趋势，增强计划性和预见性。

5.锻炼人才

搞好税收统计分析能够不断地促进广大税收统计人员提高理论政策水平和业务能力。

（四）税收统计分析的特点

税收统计分析是对税收活动的数量表现进行调查研究的一种认知活动。它是反映税收成果、税源变化和税政执行情况的一种信息系统，是科学管理税收的重要手段。税收统计分析作为经济分析的组成部分，除了具有经济分析的一般属性外，还具有其本身的特点，主要表现在以下四个方面：

1. 数量性

税收统计分析是根据税务现象的数量变化来研究税收发展变化规律的。因此，税收统计分析工作离不开对税源、税收和税政的数字资料进行加工整理和分析研究。重视数量分析是税收统计分析的首要特点。

2. 具体性

税收统计分析研究的对象都有其具体的社会经济内容。每一个数据都是在一定时间、地点和条件下量的表现，而不是空洞、抽象的数字。因此，税收统计分析也是对某个具体的税收问题，在某个时期、某个地点具体表现的分析。

3. 综合性

税务部门在国民经济各部门中属于综合性部门，因此，税务部门提供的统计资料具有综合性。税收作为国家重要的经济杠杆，存在于社会经济现象之中，国家税收来自国民经济各个部门、各个行业和各种经济类型。税源的增减变化、国民经济结构、产品结构的变化，以及税收收入结构比重的变化，都能综合反映国民经济的发展变化，这就决定了税收统计具有特定的综合性。

4. 广泛性

税收统计分析作为国家统计分析的一个组成部分，政策性很强、牵涉面很广。一方面，税收统计所反映的课税对象，几乎涉及国民经济的各个部门；另一方面，税收统计所反映的指标内容，既要反映税收及税源的增减变化、税收结构的变化趋势，同时又要反映税政措施的实施效果。

（五）税收统计分析的基本原则

为了切实有效地发挥税收统计分析的信息、咨询和监督的整体职能，保证税收统计分析报告的质量，实现税收统计分析工作的优质服务，在税收统计分析中，必须遵循下列原则：

1. 实事求是的原则

实事求是是税收统计分析工作必须遵循的基本原则。在分析过程中，必须从客观实际出发，切忌主观性，不能按照自己的主观臆断，而必须反映税收及经济现象的实际，从中得出结论。要做到实事求是，首先，必须从统计调查、收集资料开始，所收集的各种经济、税收资料及典型例证必须客观、真实、可靠；其次，分析方法的选择要与分析的方向和收集的资料相适应，论点和论证方法要达到统一，整个税收统计分析过程要立足于客观实际，遵循事物内部联系及发展规律。

2. 系统分析的原则

国民经济是一个由众多子系统构成的系统，其中每一个系统内构成要素的发展变化都受其子系统结构要素的影响，并反过来作用于其他子系统或系统整体。因此，我们在税收统计分析中必须遵循系统分析的原则，注意抓住系统的三个特征：目的性、整体性、层次性，把税收经济子系统放到系统中加以分析考察，分析它与国民经济系统整体和其他子系统要素的相互关系和作用。这样才能保证税收统计分析的可靠性、科学性和正确性。

3. 微观与宏观相结合的原则

税收统计分析要具体情况具体分析，找出不同地方、不同税种变化的共性和个性。但是，在分析研究这些共性和个性时，必须站在整个国民经济发展的高度上，坚持宏观和微观、点与面结合的原则。因此，税收统计分析十分重要。税收源于经济，而经济的发展和变化必将对税收及税收工作产生直接的影响。观察和分析税收现象应注意社会经济、税收发展的大趋势，注意横向的经济发展和税源变化。在税收统计分析中还要树立全面的观点，坚持全面的观点。首先，要求我们收搜集的各种社会经济统计资料、税收统计资料及其他资料要全面、系统，不能零碎不全。其次，在分析中要用联系的观点看经济与税收相互关系的各个方面，既要看到其在组织收入、依法治税、促产增收、发展经济中取得的成绩，又要看到自身工作的不足；既要看到现在，又应看到过去和未来；既要看到组织收入中的有利因素，又要看到影响税收变化的不利因素。只有在分析中坚持全面的原则，才能得出正确的结论。

4. 定性与定量相结合的原则

准确的税收统计数据，是我们税收工作数量方面的真实反映，它本身就属于情况的范畴。然而，社会经济现象和税收工作情况是十分复杂的，我们的税收统计数字往往只能反映最主要、最基本的情况。这些基本资料对了解收入完成进度、税源和税收结构的变化情况，以及制定税收政策、编制税收计划、指导税收工作、正确分析和解决问题具有十分重要的作用。但是在分析研究时，为了深入地认识事物的本质和规律，仅仅依据基本的统计资料有较大的局限性，这就需要深入实际，多了解一些实际情况，研究实际问题，从而使我们的认识和结论进一步深化，避免片面性。

第二节 税收分析的基本方法

一、税收数据的处理方法

税收分析以国家的经济政策和税收政策为理论基础，以统计分析方法为分析工具，对调查、收集的税源和税收收入数据等统计资料进行加工整理，通过系统、定量地分析研究，认识税收收入的本质和规律性，并对税收未来的发展趋势做出科学的预测，为加强税收征收管理工作提供决策信息。税收数据的处理方法是各类税收分析方法的基础。

（一）税收数据的基本类型

1. 概念

税收数据是反映税收经济现象总体单位或总体综合数量特征的信息，具体包括反映总体单位特征的名称及具体表现，即标志及其标志表现；以及反映总体综合数量特征的概念和具体数值，即税收统计指标（税收统计数据）。

2. 标志的基本分类

（1）标志按其性质可以分为品质标志和数量标志

品质标志表示事物品质的特性，其具体表现是不能用数值表示的，如纳税人的经济类型、纳税人所属行业等。数量标志表示事物数量的特性，其标志表现可以用数值表示，如某个纳税人的纳税额、利润额等。品质标志主要用于分组，将性质不同的总体单位划分开来，便于计算各组的总体单位数，计算结构和比例指标。数量标志既可用于分组，也可用于计算各种税收统计指标。

（2）标志按变异情况可以分为不变标志和可变标志

标志如果在总体各单位之间的具体表现完全相同，该标志就称为不变标志；

如果某些标志在总体各单位的具体表现不完全相同，这些标志就称为变异标志或可变标志。

可变的数量标志又称变量。变量按变量值是否连续可分为离散变量与连续变量两种。离散变量的数值只能用自然数或整数单位计算，例如企业个数、职工人数、设备台数等。反之，在一定区间内可以任意取值的变量叫连续变量，其数值是连续不断的，相邻两个数值可做无限分割，即可取无限个数值。例如纳税数额、工资薪金所得等为连续变量，其数值只能用测量或计量的方法取得。

3.税收统计数据的构成及基本分类

（1）税收统计数据的构成

税收统计数据一般包括五项内容：

①数据名称。数据名称说明所反映现象数量特征的性质和内容，如"税收收入""GDP"等。

②数据值。数据值是数据名称的结果体现，如100。

③计量单位。计量单位分为名数和无名数两类。名数是指计量单位有具体名称，如实物计量单位（吨、千克等）、货币计量单位（万元、元等）、劳动计量单位（工时、工日等）；无名数只有抽象的名称或无名称，通常有系数、倍数、成数、百分数等。

④时间范围。时间范围用于说明数据是时期数据还是时点数据。

⑤空间范围。空间范围给数据必要的空间限制，如2023年税收收入18.11万亿元，没有说明空间范围，就基本没有意义。

（2）税收统计数据的基本分类

税收统计数据一般可以分为截面数据、时间序列数据和面板数据。截面数据又称静态数据，它是指在同一时间对不同总体的数量表现进行观察而获得的数据，如××省2022年增值税、消费税、企业所得税收入分别为 X 亿元、Y 亿元和 Z 亿元，这就是截面数据，即在一个时间点处切开，观察各个税种的不同数值。时间序列数据又称为动态数据，它是指在不同时间对同一总体的数量表现进行观察而获得的数据，如××市2018年、2019年、2020年、2021年、2022年增值税收入分别为 A 亿元、B 亿元、C 亿元、D 亿元和 E 亿元，这就是时间序列数据，即观察不同时间点的具体数值。面板数据是截面数据与时间序列数据综合起来的一种数据类型，具有时间序列和截面两个维度，当这类数据按两个维度排列时，是排在一个平面上，与只按一个维度排列在一条线上的数据有着明显的不同，整个表格像是一个面板，因此称为面板数据。

（二）税收数据的加工整理

1. 税收数据的采集

税收分析工作是从收集税收数据开始的，我们要从数量上认识税收客观的现象，必须先获取有用的税收数据。税收数据的采集是根据税收分析研究的目的与要求，运用科学的收集方法，有计划、有组织地收集税收统计数据资料的过程。税收统计数据收集方式一般可分为两种：一种是直接向纳税人收集反映调查单位的税收统计数据，即原始资料，也称初始资料；另一种是根据税收研究的目的，收集已经加工、整理过的说明总体现象的数据，一般称为次级资料或第二手资料。原始资料可以直接从纳税人的申报资料或征管信息管理系统中收集，或者采用科学的调查方法直接向纳税人进行调查收集；间接税收资料可以从新闻、网络、统计年鉴及社会其他相关部门收集取得。

2. 税收数据加工处理的意义

税收数据的加工处理是根据税收分析研究的目的和任务，对采集所得的原始资料进行科学的分类和汇总，对已初步加工的次级资料进行再加工，使其系统化、条理化、科学化，以反映所研究的税收现象总体特征的工作过程。

一方面，对收集的资料进行加工处理，使其成为系统化、条理化的综合资料，对总体内部规律性、内在联系和结构关系做出概括的说明。税收数据的加工处理是实现由对个别现象的认识过渡到对总体现象的认识，由对事物表象的认识过渡到对其本质与内在联系的全面认识，由感性认识上升到理性认识的过程，是达到税收统计分析研究目的的重要环节。

另一方面，税收数据加工处理正确与否、质量好坏，将直接影响税收分析及预测结果的准确性和真实性。不恰当的加工整理往往使收集得来的丰富、准确、全面的资料失去应有的价值，从而歪曲事情的真相，使人们得出错误的结论。因此，采用科学的方法进行税收数据的加工处理是顺利完成税收统计分析任务的前提。

总之，税收数据的加工处理在整个税收统计分析中起着承前启后的作用，它既是税收数据收集过程的继续和深化，又是税收统计分析的基础和前提，也是税收数据收集和税收统计分析的连接点。

3. 税收数据加工处理的步骤

（1）设计和编制税收数据加工处理方案

税收数据加工处理方案是根据税收统计分析研究的目的和要求，事先对整个工作做出全面的计划和安排，是通过一套综合表和编制说明来反映的，其主要内容包括确定汇总指标与综合统计表、进行统计分组、选择资料汇总形式、确定资料审查的内容与方法等。统计分组是统计资料整理的基础，统计汇总是统计资料整理的中心内容，统计图表则是统计资料整理的表现形式。

（2）对收集的税收数据进行审核

在对收集的税收数据进行加工处理前，首先需要对其进行严格的审核，以保证数据质量，为进一步的整理和分析打下基础。审核的内容主要包括税收数据的准确性、及时性和完整性等。

（3）对收集的税收数据进行分组、汇总和计算

在税收数据加工处理的过程中，对大量的原始资料进行分组、汇总和计算是一项重要的工作，其中统计分组是最基本的，是保证分类、汇总科学合理的基础。根据税收数据加工处理方案的要求，按已确定的汇总组织形式和具体方法，按照一定标志，对收集的税收数据进行分组。按分组的要求，对各项数字进行汇总，计算分组单位数、总体单位数、分组标志总量和总体标志总量。

①统计资料的分组。其工作内容是将全部调查资料按照一定的标志加以区分，使反映相同性质的税收活动的资料归集在同一组内，便于对比分析。

②税收统计资料的汇总。统计资料经过科学分组后，按一定要求对统计资料进行综合归类。汇总的形式主要有集中汇总和逐级汇总两种：集中汇总是指由组织领导完成统计资料整理工作的工作机构，集中对全部统计资料进行汇总；逐级汇总是指在汇总过程中，充分发挥各级税务部门的作用，将已经汇总好的资料逐级上报。

（4）对汇总后的调查资料进行审核

对加工处理好的资料再一次进行审核，更正汇总过程中所发生的各种差错。汇总后审核可以从以下四个方面进行：

①复计审核，即对每个指标数值进行复核计算。

②表表审核，即审核不同统计表上重复出现的同一指标数值是否一致，对

统计表中相互联系的各个指标数值进行审核，审核它们之间是否衔接和是否符合逻辑性。

③表实审核，即对汇总得到的指标数值与了解的实际情况联系起来进行审核。

④对照审核，即对各税种相关数据进行相互对照审核，看数字是否一致或比较接近，以便从中发现可能出现的错误。在审核过程中发现错误时，应查明原因、及时更正。

（5）编制统计表、绘制统计图

把整理好的税收统计资料用统计表或统计图的形式表现出来，简明、扼要地表现税收现象在数量方面的具体特征和相互关系。

二、总量分析法

总量分析法是指运用总量指标进行分析的一种方法。总量分析法主要适用于对经济税源、税收收入的总体规模及增减变化量的分析。

（一）总量指标的概念及作用

税收总量指标是反映一定时间、地点和条件下的税收总规模、总水平的统计指标。其表现形式为具有计量单位的绝对数，所以也称为绝对量指标。它可以揭示总体数量的绝对规模和水平，其数值大小受总体范围及单位数多少的制约。

1.税收总量指标是对整个研究对象总体认识的起点。它是对所研究对象总体的客观反映，可以反映其基本状况。

2.税收总量指标是税务工作中下达计划任务，检查监督税收计划执行进度、执行结果，加强税收征收管理的重要依据。

3.税收总量指标是计算税收相对指标、平均指标，进行税收相对水平分析和平均水平分析的基础。税收相对指标和平均指标都是以两个或两个以上有联系的税收总量指标为基础计算出来的，是税收总量指标的派生指标。税收总量指标的核算是否科学、合理直接影响税收相对指标和平均指标的准确性。

对总量指标的分析描述应简洁、明了，突出其主要数量特征，给人以深刻的印象。

（二）总量指标的种类

1. 按其反映的内容分类，可分为税收总体单位总量和税收总体标志总量

税收总体单位总量是总体单位数的总和，它表示总体本身规模的大小，如××县国税局 2022 年年末所辖一般纳税人为 2000 户，2022 年年末在职税务干部为 150 人。税收总体标志总量反映的是总体内各个单位某一数量标志值的总和，如××县国税局 2022 年税收收入为 8 亿元，征收成本为 180 万元。

2. 按其反应的时间分类，可分为时期指标和时点指标

时期指标反映总体在某一段时间内累计规模的总量，如上例中××县税收收入 8 亿元，2022 年××省国税税收收入 4321 亿元，国内税收收入 2632 亿元。时点指标是反映总体在某一时刻状态上规模的总量指标，如上例中×× 县 2022 年年末所辖一般纳税人为 2000 户，2022 年年末在职税务干部为 150 人。

3. 按其计量单位不同分类，可分为实物量指标、价值量指标和劳动量指标

（1）实物量指标是以实物单位计量的总量指标，能够直观地反映产品使用价值的总量，是计算价值量指标的基础。实物单位有自然单位、度量衡单位和标准实物单位等。比如，电脑以"台"、小汽车以"辆"等自然单位计量。度量衡单位是以统一的度量衡制度规定的计量单位，如钢材、粮食以"吨"等计量。标准实物单位用于汇总不同规格或含量的同类事物的实物数量，可以更加准确地反映产品的实用价值总量。以往我国的农业税俗称"公粮"，采用的就是实物量指标。

（2）价值量指标是以货币单位计量的总量指标，反映现象总体的价值总量，如"国内生产总值""税收总额"等。目前，我国税收总量指标均表现为价值量指标，其计量单位表现为元、万元、亿元等。

（3）劳动量指标是以劳动时间为单位计算的产品产量或完成的工作量，通常用于工业企业内部的核算，如"工时""工日""台时"等。

三、对比分析法

（一）对比分析法的概念及分类

对比分析法是指运用对比指标进行分析的一种方法。对比分析法的核心是将两个有联系的统计指标进行对比，用一个抽象化的比值（对比之后的数值）来

反映社会经济现象之间的对比关系，通常使用事物的相对水平、发展过程、差异程度、内部结构与比例关系等来比较和分析事物之间的联系。

税收对比分析按时间和空间范围可划分为纵向和横向对比分析。纵向对比分析是指在一定时间范围内，对同一事物的各个发展阶段的不同数量指标进行对比分析，反映事物在不同阶段的发展变化情况。横向对比分析则是指对同一指标在不同空间范围内进行对比分析，用以反映经济现象在不同地区之间的差距。如某省宏观税负与相关省份同期宏观税负之比，就可以反映出省间宏观税负水平差距。这种方法用在省内各地区之间的比较同样有效。

对比分析法主要适用于经济税源、税收收入的结构分析、发展速度分析及经济税收关系分析（宏观税负、弹性分析），也适用于经济税源、税收收入总量、结构、发展速度及税负、弹性等指标的纵向和横向对比分析，以发现和了解不同现象之间的结构现状、差异程度及发展趋势。

（二）相对指标的概念及作用

相对指标是指将两个有联系的指标进行对比所得到的比值，反映事物的数量特征和数量关系，其具体数值表现为相对数，因此也称为相对数指标。相对指标可以反映现象之间的固有联系及联系程度，如现象的发展程度、结构、强度、普遍程度或比例关系等。借助相对指标对现象进行对比分析，是统计分析的基本方法。

相对指标的表现形式有两种：一种是有名数；另一种是无名数。有名数是指对比的分子、分母有不同的计量单位，将分子和分母两个指标的计量单位结合使用，如人口密度用"人/平方公里"，人均GDP、人均税收负担用"元/人"，劳动强度用"件/人"等。无名数是一种抽象化数值，常用倍数、系数、成数、翻番数、百分数、千分数等表示。

在统计分析研究中，相对指标的作用主要表现在以下方面。

1.相对指标能具体表现社会经济现象之间的对比关系，有助于人们深入了解事物发展的质量与状况。社会经济现象之间是相互联系、相互制约的，总量指标只能反映现象的总规模、总水平，而运用相对指标把有关指标联系起来进行对比分析，就能把事物发展的规模大小、计划执行的好坏、变化速度的快慢、各种比例协调与否等情况反映出来。

2. 相对指标可以使不能直接对比的现象找到相互比较的基础。例如考察不同类型企业的经济效益时，由于生产规模不同、资金多少不同，一般不能用净利润直接对比，可以通过销售利润率、资本收益率等相对指标抽象个体的差异，再进行对比分析。

（三）相对指标的分类

根据研究的目的和任务不同，计算相对指标时选择的对比基础也不同，对比所起的作用也有所不同，从而形成不同的相对指标。归纳起来主要有两类：一是同一总体内部对比的相对指标，如结构相对指标、比例相对指标、动态相对指标和计划完成程度及计划执行进度相对指标；二是两个总体之间对比的相对指标，如比较相对指标和强度相对指标。

1. 结构相对指标

结构相对指标就是利用分组方法，将总体划分为性质不同的各个组成部分，以部分数值与总体数值对比而得出的比重或比率来反映总体内部组成状况的相对指标。其计算公式为：

$$结构相对指标 = 总体部分数值 / 总体全部数值 \times 100\% \qquad （3-4）$$

结构相对指标一般用百分数或成数表示，各组比重之和等于100%或1，其分子和分母既可以同是总体单位总量，也可以同是总体标志总量，且分子数值属于分母数值的一部分，即分子、分母是一种从属关系，位置不能互换。

结构相对数是统计分析中常用的综合指标，主要有以下两个方面的作用：

（1）可以反映总体内部的结构特征。

（2）不同时期结构相对数的变动状况，可以反映事物的变化过程及发展趋势。

2. 比例相对指标

比例相对指标是同一总体内不同组成部分之间进行数量对比的相对指标，用以反映总体中各组成部分之间的数量联系程度和比例关系。它的分子与分母可以互换。其计算公式为：

$$比例相对指标 = 总体中某一部分数值 / 总体中另一部分数值 \times 100\%（3-5）$$

比例相对指标一般用百分数、几比几或连比的形式表示。比例相对指标以对分析总体的统计分组为前提，没有分组就没有比例，并且该指标是由结构决定的。根据对比的目的不同，分子、分母可以相互交换位置。

在实际工作中，常将比例相对数和结构相对数结合起来使用，这样既可以研究总体的结构是否合理，也可以判断现象发展过程中的比例关系是否正常。

3.动态相对指标

动态相对指标又称为发展速度，是将某一指标不同时间上的数值进行对比的相对指标，表明同类事物在不同时间状态下的对比关系，反映社会经济现象在时间上的运动、发展和变化。其计算公式为：

动态相对指标（发展速度）= 报告期指标数值 / 基期指标数值 $\times 100\%$ （3-6）

公式中报告期是要研究或说明的时期，又称为计算期；基期是用来作为比较标准的时期。动态相对指标的分子、分母相对固定，不能互换位置。

4.计划完成程度及计划执行进度相对指标

（1）计划完成程度相对指标

计划完成程度相对指标，简称为计划完成百分比，它是以现象在某一时期内的实际完成数与计划任务数进行对比的相对指标。在计算时，要求分子、分母在指标的内容、范围、计算方法及时间长度等方面完全一样，通常用百分数表示。其计算公式为：

计划完成程度相对指标 = 实际完成数 / 计划任务数 $\times 100\%$ 　　（3-7）

计划完成程度相对指标可以准确地反映计划完成情况，定期监督检查国民经济计划，以及地区、部门或基层单位计划的执行情况，随时掌握计划执行进度及执行过程中存在的问题，找出薄弱环节，挖掘潜力，并可以根据实际情况对计划进行适当的修改，从而作为编制下期计划的参考。

（2）计划执行进度相对指标

计划完成程度相对指标只反映计划执行的结果，在分析计划执行情况时，还要检查计划执行的进度和均衡程度，需要运用计划执行进度相对指标。

计划执行进度相对指标是计划期中某一段时期的实际累计完成数与计划期全期计划数对比得到的指标。其计算公式为：

计划执行进度相对指标 = 期初起至检查之日止实际累计完成数 / 全期计划任务数 $\times 100\%$ 　　　　（3-8）

计划执行进度相对指标用于检查计划执行与时间进度的要求适应与否，可以在计划期内，逐日、逐旬、逐月、逐季度地观察计划的进展情况，检查计划执行是否均衡，预计计划的可能完成情况，以便于及时发现问题、采取措施，保证或超额完成计划任务。一般来说，检查计划完成进度要与时间的进程统一，如第一季度完成年计划的 25%，第二季度累计完成年计划的 50%，即时间过半，任务完成数也要过半。

5. 比较相对指标

比较相对指标是把两个性质相同的指标在同一时间、不同空间条件下做静态对比得出的相对指标，可以反映国家之间、地区之间、行业之间、单位之间同类现象的对比关系。其计算公式为：

$$比较相对指标 = 某条件下的某项指标数值 / 另一条件下的同项指标数值 \times 100\% \tag{3-9}$$

比较相对指标一般用百分数或倍数表示，其分子、分母根据分析目的不同可以相互交换位置。

计算比较相对指标时，用来对比的指标既可以是总量指标，也可以是相对指标或平均指标。由于总量指标易受总体规模和条件不同的影响，计算比较相对指标时更多采用相对数或平均数进行对比。如税收弹性系数指标，其计算公式为：

$$税收弹性系数 = 税收增长率 / 经济增长率 \tag{3-10}$$

税收弹性系数作为税收对经济增长的反映程度，其数值大于 1，说明税收增长快于经济增长，其数值越大，对宏观税负的提升作用越明显。

比较相对指标常用于不同国家、地区、单位之间的比较，用于先进与落后水平的比较，还用于标准水平或平均水平的比较，用以寻找差距、挖掘潜力，为制订发展计划提供依据。

比例相对指标和比较相对指标的区别有两个方面：（1）分子与分母的内容不同，比例相对指标是同一总体内不同组成部分之间数量对比的相对指标；比较相对指标是同类指标在同一时间、不同空间条件下对比得出的相对指标。（2）说明问题不同，比例相对指标反映总体内部的比例关系；比较相对指标是不同单位的同类指标对比而确定的相对数，用以反映同类现象在同一时期内各单位发展的不平衡程度。

6. 强度相对指标

强度相对指标是将两个性质不同（不同类现象）而有一定联系的总量指标

进行对比的结果，用以表明现象的强度、密度和普遍程度。这里所指的不同类现象一般分别属于不同的总体。其计算公式为：

强度相对指标＝某一总量指标数值／另一性质不同而相联系的总量指标数值

$$\times 100\% \qquad\qquad （3-11）$$

有些强度相对指标的分子、分母位置可以互换，所以有正指标和逆指标两种形式。强度相对指标的数值大小与现象的发展程度或密度成正比时，称为正指标；其与现象的发展程度或密度成反比时，称为逆指标。一般来说，正指标数值越大越好，逆指标数值越小越好。

（四）对比分析时应注意的问题

1. 两个对比指标的可比性

由于相对指标是由两个有联系的指标数值进行对比计算得出的结果，因此，两个对比指标的可比性是计算相对指标的重要条件。所谓可比性，是指对比的两个指标在经济内容上要有内在联系，并且在总体范围、时间、计算方法和计量单位上要求一致或相适应。

2. 相对指标和总量指标结合使用

相对指标把现象的绝对水平抽象化，以此来反映社会经济现象的联系和差异程度，但是，它也掩盖了现象绝对水平的差别。因此，在利用相对指标进行分析时，必须与计算相对指标所依据的绝对水平联系起来，才能获得对客观事物正确的认识。

3. 多种相对指标结合运用

运用相对指标进行统计分析时，可以将从不同方面、不同角度表明问题的各种相对指标结合起来运用，全面地说明客观事物的情况及发展的规律性。只有对多种相对指标进行综合运用，才能全面地、深入地说明要研究的问题。

第三节　税收分析的发展趋势

一、税收的本质与特征

（一）税收的本质

税收是国家（政府）公共财政最主要的收入形式和来源。税收本质上是国家为满足社会公共需要，凭借公共权力，运用法律手段，参与国民收入分配，强制取得财政收入所形成的一种特殊分配关系。它体现了一定社会制度下国家与纳税人在征收、纳税的利益分配上的一种特定分配关系。

税收的本质是国家以法律规定向经济单位和个人无偿征收实物或货币所形成的特殊分配关系。这种分配关系，集中反映了国家与各阶级、各阶层的经济关系、利益关系。其具体表现为以下方面：分配的主体是国家，它是一种以国家政治权力为前提的分配关系；分配的客体是社会剩余产品，不论税款由谁缴纳，一切税源都是来自当年劳动者创造的国民收入或以往年度积累下来的社会财富；分配的目的是实现国家职能；分配的结果必然有利于统治阶级，而不利于被统治阶级，因为税收从来都是为统治阶级的利益服务的。不同的社会经济制度和不同的国家性质，决定不同国家税收的本质。

1.资本主义国家税收的本质

资本主义国家税收是资本主义国家财政收入的主要来源，是其国家（政府）机器赖以生存并实现一切职能的物质基础。从税收负担来看，不论是直接税或间接税都要由劳动者来负担。从税收用途来看，资本主义国家通过税收取得的财政收入，又通过财政支出为资产阶级利益服务。特别是庞大的军费支出，成了垄断资产阶级发财致富的重要途径。其国家机关的支出，也是直接或间接地为资产阶级利益服务的。此外，资本主义国家还通过国家干预经济，对那些需要大量投资而私人资本家又不愿投资的项目，如水电站、大坝及风险较大的尖端技术实验等通过财政拨款来投资。一方面，可以使成千上亿的国民收入通过资本主义财政的再分配直接转到资本家的手中；另一方面，维护了资本主义制度。资本主义国家税收就其本质来讲，是资本主义国家的经济基础，是资本主义国家对劳动者的额外剥削，是一种超经济剥削关系。

2. 我国社会主义税收的本质

我国是人民民主专政的社会主义国家，在社会主义制度下，实行生产资料社会主义公有制为主体、多种所有制并存。劳动者是国家的主人、企业的主人，在国家、企业和劳动者之间根本利益是一致的。因此，我国的社会主义经济制度和社会主义国家性质，决定了我国社会主义税收与资本主义税收有着截然不同的本质。

从我国社会主义税收的来源看，主要是社会主义全民所有制的国有企业、集体所有制企业等公有制企业。在我国，公有制经济在国民经济中占主导地位，公有制企业缴纳的税额占税收总额的大部分。我国税收增长，主要依靠社会主义生产的增长，特别是社会主义公有制企业收入的增长。国家对集体经济的征税，实行兼顾国家、集体和个人三者利益的原则。从税收的用途来看，我国社会主义税收是为广大劳动者利益服务的，它直接或间接地用于为劳动者造福的各项事业。国家通过税收筹集的资金，按照国家预算的安排，有计划地用于发展社会主义经济，发展社会主义科学、文化、教育、卫生事业，用于加强战备、巩固国防等，这些都是直接关系到劳动者根本利益的。与此同时，国家在生产发展的基础上，不断提高居民的物质文化生活水平。近年来，国家拿出大量资金用于改善城乡居民的物质文化生活，包括提高农副产品的收购价格、各种价格补贴、提高工资、安置城镇待业青年和新建民用住宅等。从以上我国社会主义税收的来源和用途可以看出，我国社会主义税收的本质，是国家筹集社会主义建设资金的工具，是为广大劳动者利益服务的，体现了一种"取之于民，用之于民"的社会主义分配关系。

（二）税收的特征

税收的特征反映了税收区别于其他财政收入形式，从而也可以理解税收为什么能成为财政收入的最主要形式。税收与其他分配方式相比，具有强制性、无偿性和固定性的特征，习惯上称为税收的"三性"。税收三性是一个完整的体系，它们相辅相成，缺一不可。

1. 税收的强制性

税收的强制性是指税收是国家以社会管理者的身份，凭借政权力量，依据政治权力，通过颁布法律或政策来进行强制征收。税收参与社会物品的分配是依据国家的政治权力，而不是财产权利，即和生产资料的占有没有关系。税收法律作为国家法律的组成部分，对不同的所有者是普遍适用的，任何单位和个人都必须遵守，不依法纳税者要受到法律的制裁。税收的强制性说明，依法纳税是人们不能回避的法律义务。我国宪法就明确规定，我国公民"有依法纳税的义务"。正因为税收具有强制性的特点，它是国家取得财政收入的最普遍、最可靠的一种方式。负有纳税义务的社会组织和社会成员，都必须遵守国家强制性的税收法律，在国家税法规定的限度内，纳税人必须依法纳税，否则就要受到法律的制裁，这是税收法律地位的体现。

税收的强制性特征体现在两个方面：一方面，税收分配关系的建立具有强制性，即税收征收完全是凭借国家拥有的政治权力；另一方面，是税收的征收过程具有强制性，即如果出现了税收违法行为，国家可以依法对其进行处罚。

（1）概念

税收的强制性是指国家征税是凭借国家政治权力，通过颁布法律、法令的形式进行的。税收的法律、法令，是国家法律的组成部分，任何单位和个人都必须遵守，依法纳税，否则就要受到法律的制裁。税收的这一特征包括以下三层含义：

①国家以法律的形式规范了征纳双方权利和义务的对等关系。政府作为征税人，具有向全体社会成员征税的权利，同时承担向全体社会成员提供公共物品与劳务的义务；而全体社会成员作为纳税人，具有分享政府提供的公共物品与劳务的利益的权利，同时有义务补偿政府为提供公共物品与劳务而付出的成本，其补偿方式就是向国家纳税。这种权利和义务关系是对等的，没有哪一方可以只享受权利而不履行义务。

②政府征税是凭借国家政权强制执行的，而不是凭借财产权或某种协议。由于这种强制是以国家政府做后盾的，它的强制力要高于任何规范。例如合同也有强制性，但合同的强制力要比国家政权差多了。

③征纳双方的关系是以法律形式确定的，这种法律规范对双方当事人都具有法律上的约束力，任何一方违反税法都要受到法律的制裁。当然，由于国家是

一个抽象的概念，因此这里的"征税人"其实是指税法的具体执行者，如税务机关、海关等。

（2）原因

税收的强制性是由其无偿性决定的。由于国家是无偿征税，如果没有强制力做保证，税款将很难征收，从而会影响财政收入的可靠和稳定取得。

2.税收的无偿性

税收的无偿性是就具体的征税过程来说的，表现为国家征税后税款即为国家所有，并不存在对纳税人的偿还问题。

税收的无偿性是相对的。对具体的纳税人来说，纳税后并未获得任何报酬。从这个意义上说，税收不具有偿还性或返还性。但若从财政活动的整体来看，税收是对政府提供公共物品和服务成本的补偿，这里又反映出有偿性的一面。特别在社会主义条件下，税收具有马克思所说的"从一个处于私人地位的生产者身上扣除的一切，又会直接或间接地用来为处于私人地位的生产者谋福利"的性质，即"取之于民，用之于民"。当然，就某一具体的纳税人来说，他所缴纳的税款与他从公共物品或劳务的消费中所得到的利益并不一定是对应的。

税收的无偿性是指通过征税，将社会集团和社会成员的一部分收入转归国家所有，国家不向纳税人支付任何报酬。税收这种无偿性是与国家凭借政治权力进行收入分配的本质相联系的。无偿性体现在两个方面：一方面，是指政府获得税收收入后无须向纳税人直接支付任何报酬；另一方面，是指政府征得的税收收入不再直接返还给纳税人。税收无偿性是税收的本质体现，它反映的是一种社会产品所有权、支配权的单方面转移关系，而不是等价交换关系。税收的无偿性是区分税收收入和其他财政收入的重要特征。

（1）概念

税收的无偿性是指国家征税不支付任何报酬，征税后税款即为国家所有，不再直接归还给纳税人。

具体来说，这一概念隐含了两层含义：

①税收对某一具体纳税人而言是无偿的。这是征收最本质的特征，也是税收"三性"中的核心，即政府与具体纳税人之间的权利和义务关系是不对等的。政府向纳税人征税不是以具体提供公共产品为依据的，而纳税人向政府纳税也不是以具体分享多少公共产品为前提的。

②税收对全体纳税人而言又是有偿的。因为国家提供的公共物品与劳务是由全体社会成员享受的，按照"谁受益谁负担"的原则，国家在提供这些公共物品与劳务时所付出的成本，当然也应由全体社会成员来补偿，而能使全体社会成员都参与补偿的形式就只有税收了，因此，我国的税收性质是"取之于民，用之于民"。

（2）原因

税收的无偿性是由税收收入使用（财政支出）的无偿性决定的。国家财政支出大多采取无偿的方式，如行政机构、司法机构、军队国防、公安警察等的经费拨款，一般是纯消费性的，是一种价值的单方面转移，而这些机构是国家职能的具体执行机构，是代表国家向全体社会成员提供公共物品与劳务的。由于公共物品与劳务的利益是无法划分的，也无法以价格的方式加以划分，因此某具体纳税人在享受国家提供的公共物品与劳务时是无偿的。国家本身不创造财富，为了保持财政的收支平衡，只能以无偿的方式取得收入，在这些方式里覆盖面最广的就是税收。所以说，税收的无偿性是由财政支出的无偿性决定的。

3. 税收的固定性

税收的固定性是指课税对象及每一单位课税对象的征收比例或征收数额是相对固定的，而且是以法律形式事先规定的，并且只能按预定标准征收，不能无限度地征收。即纳税人、课税对象、税目、税率、计价办法和期限等都是税收法令预先规定的，这使得税收成为政府的一种固定的收入。征税和纳税双方都必须共同遵守，非经议会的批准和国家法令修订或调整，征纳双方都不得违背或改变这个固定的比例或数额及其他制度规定。

当然，税收的固定性不是绝对的，随着社会经济条件的变化，具体的征税标准是可以改变的。比如，国家可以修订税法、调高或调低税率等，但这只是变动征收标准，而不是取消征收标准。所以，这与税收的固定性并不矛盾。

税收的固定性是指在征税前，政府以税法的形式，预先规定征税的标准，并按此标准征收，具体包含三层含义：

1. 以税法的形式明确了纳税人、征税对象、应征税额等内容。这些内容既然是以税法的形式规定的，一般来说，是不能随意变更的。

2. 税收的征收标准在一定范围（一个国家或地区）内是统一的。目前从我国来看，这个范围是指大陆地区，不包括港澳台地区。

3. 征纳双方的税收法律关系，在一定时期内是相对稳定的。这其实是说税法与所有法律一样是有连续性的，在税法存续期间，其内容大体不变。如某个税种的纳税人、征税对象、税目、税率等一般是固定的，以便征纳双方共同遵守。但这并不是说税法是一成不变的，正好相反，它其实是不断变化的，因为任何一项法律都有一个从不完善到完善的过程，而社会也是不断发展变化的，这个过程就是税法不断修改完善的过程。

（三）税收"三性"之间的关系

税收的"三性"集中体现了税收的权威性。维护和强化税收的权威性，是我国当前税收征管中极为重要的问题。

税收具有的三个特征是互相联系、缺一不可的，同时具备这三个特征的才叫税收。税收的强制性决定了征收的无偿性，而无偿性同纳税人的经济利益关系重大，因此，要求征收的固定性。这样对纳税人来说比较容易接受，对国家来说可以保证收入的稳定。税收的特征是税收区别于其他财政收入形式（如上缴利润、国债收入、规费收入、罚没收入等）的基本标志。税收的特征反映了不同社会形态下税收的共性。

税收的三个基本特征是统一的整体。其中，强制性是实现税收无偿征收的强有力保证，无偿性是税收本质的体现，固定性是强制性和无偿性的必然要求。这三个特征是税收的基本特征，缺一不可，也是税收与其他财政形式相区别的主要内容。三者的关系是无偿性决定强制性，它们又共同决定固定性。在这三个特征中，无偿性是核心。

（四）税收与其他财政收入形式的比较

税收是财政收入的主要形式，从组织收入的角度来看，它同其他财政收入形式的作用一样，都能使国家在一定时期内取得财政收入，满足国家公共需要。但税收的三个特征，决定了它与其他财政收入形式又有所区别。

1. 与国有资产收益的区别

税收与国有资产收益都是参与企业纯收入分配的形式，是在生产过程中由劳动者的剩余劳动创造的，因此，二者的分配内容是相同的。二者的区别在于以下三个方面：

（1）分配的广度不同

由于税收凭借的是国家政权，因此其分配具有广泛性。不论是企业单位还是个人，也不论企业的经济性质和国籍，凡符合税法上规定的征税范围，税收都可以参与其收入的分配。

国有资产收益凭借的是国有资产所有权，因此除国有企业及国家参股企业外，对其他企业和个人，国家不能以所有者身份参与其纯收入的分配。

（2）征收的手段不同

税收以税法为依据，实行强制征收，纳税人若违反税法，要受到法律的制裁，而国有资产收益属于同一所有制内部的利益分配，不带有强制性。

（3）固定性不同

税收是按规定标准征收，具有固定性，能排除一些客观因素的影响，从而使国家及时、足额地取得财政收入。而国有资产收益取决于企业实现利润的多少，利润多则收益多，利润少则收益少，因而稳定性较差。

2. 与财政性收费的区别

这里的"费"专指政府机关为单位和居民个人提供某种特定的服务时，所收取的工本费、手续费，包括事业收入、规费收入和资源管理费收入等。它与税的区别主要在于以下两个方面：

（1）征收主体不同

税收由各级财税机关、海关征收；而费由经济部门和事业单位收取。

（2）偿还性不同

税收是纳税人对国家法律上赋予义务的履行，国家不付任何代价；而费是以国家提供某种特定的服务为前提，是有代价的，或者说是有偿的。

3. 与财政发行的区别

财政发行是指用发行货币的办法来弥补财政赤字或增加财政收入，是一种超经济发行，其结果必然是货币贬值和物价上涨。

它与税的共同之处是都具有无偿性和强制性。财政发行是只要开动机器印制钞票即可增加财政收入，国家基本无须付出代价。它的强制性虽不明显，但很强，因为不管你是否愿意，你手中收入都贬值了，因而人们称之为"隐蔽的税收"。

它与税的区别在于以下两个方面：

（1）物质基础不同

税收形成的财政收入是以社会产品为基础，有相应的物质资料做保证。税收是在参与社会产品分配过程中所形成的货币运动，同时伴有相应的物质运动。而财政发行是一种超经济发行，它所形成的财政收入没有相应的物质做基础，因而形成的是一种虚假的购买力，表现为货币贬值、物价上涨。在商品的数量和流通速度不变的情况下，增加纸币发行，就会造成社会上的货币流通量超过它的需求量。

（2）固定性不同

财政发行作为一种非生产性发行，其主要目的是弥补赤字，因此只有在必要时国家才会采用这种形式取得收入；其收入是不固定的，也没有一个事先确定的标准，而税收收入是有固定性的。

财政发行因其取得收入的成本低廉、简单快捷，可以为国家迅速地筹集到所需要的资金，但它所引起的货币贬值、物价上涨等后果，可能会造成恶性通货膨胀、破坏正常的社会经济秩序、影响人民生活、危害社会治安。因此，只有税收才是筹集财政资金的正当渠道和基本手段。

4. 与国家信用的区别

国家信用是指国家以债务人的身份取得或以债权人的身份提供的信用，这里主要是指为了经济建设和财政预算的需要，国家以债务人的身份，运用发行公债、国库券、国外借款等方式筹集资金形成的一种借贷关系。由于公债是要还本付息的，最终仍然要以征税方式取得的财政收入偿还，因而又称为"税收的预征"。

税收与国家信用的区别主要有以下三点：

（1）强制性不同

国家信用作为一种信用关系，发行方与认购方在法律上处于平等地位，因此，只能坚持自愿认购的原则，而不能强制推销。税收则是一种强制性征收，必须坚持依法办事、依率计征的原则。

（2）偿还性不同

国家信用反映了认购方和国家之间的债权债务关系，是有借有还的，要还本付息；而税收是无偿征收的。

（3）固定性不同

国家信用由于是自愿认购的，因此认购者可以多购也可以少购，它所形成的财政收入是不稳定的；而税收收入由于有事先确定的标准，具有固定性。

5.与罚没收入的区别

罚没收入一般是指对违反国家有关规章制度的行为进行的一种经济处罚，与税收一样，都具有无偿性和强制性。

它们的主要区别在固定性上。罚没收入是以发生违法行为为前提的，有违法行为才有罚没收入，因而不具备连续性和固定性；而税收是按规定标准无偿取得的，具有连续性和固定性。

6.与专卖收入的区别

专卖收入是指国家对某些商品在生产、收购、运输、销售的一个或几个环节中进行垄断经营和管理所取得的一种专项财政收入。

（1）强制性不同

专卖收入是国家通过对某些商品的生产、收购和销售，实行完全或非完全的垄断而获得的高额利润，它反映的是商品交易中的买卖关系，不带有强制性；而税收反映的是一方强加于另一方的征纳关系，具有明显的强制性。

（2）偿还性不同

在专卖过程中，国家一手收钱一手交货，通过出售某种货物来取得收入，是有偿的；而税收则是无偿的。

（3）固定性不同

专卖收入不仅要受物品种类的限制，还要受专卖物品成本变化的影响，因此，其收入不固定；而税收的课征对象很广泛，又是按预定标准征收的，收入比较稳定。

二、税收的作用

（一）税收作用的概念

税收的作用是税收职能在一定政治经济条件下所具体表现出来的效果。

税收的作用，在不同的经济条件下，会随着不同历史时期的经济条件和政治经济任务的变化而变化。在生产力水平低的条件下，税收收入规模小，税收的作用也小；在商品经济不发达，税收采用实物缴纳的情况下，税收作用的范围也小；在商品经济发达的社会里，税收全部采用货币缴纳形式，税收的作用范围就大大地扩大了。

在不同的社会制度下，由于社会的经济基础与上层建筑不同，税收的作用也不同。例如在我国社会主义市场经济条件下，国家可以直接运用税收杠杆来促进经济发展，税收的作用可以比以往任何私有制社会发挥得更充分、更好。

（二）税收作用的内容

1.组织财政收入，保证国家实现其职能的资金需要

税收的这一作用是与其财政职能相对应的，在任何社会形态下税收都具有这一作用，只不过因经济发展水平、经济运行机制、财政收支状况的不同，其作用程度也不同而已。

在实践中，各国的税收收入在其财政收入中一般占80% ~ 90%的比重，因为在财政的诸多收入形式中，只有税收是稳定、可靠的收入，并且不需要偿还，是国家的永久性收入。

2.税收是国家对经济实行宏观调控的重要经济杠杆

在我国社会主义市场经济条件下，税收涉及社会经济生活的各个领域，通过税收调节经济更加必要、广泛和深入，税收成为国家对经济实行宏观调控的重要经济杠杆。

（1）调节社会总需求与总供给的平衡

社会总需求与总供给的平衡，不仅要求总量一致，还要求结构一致。如果总需求大于总供给，会出现物价上涨和通货膨胀；如果总需求小于总供给，则会出现经济萧条和失业。税收对这些情况均可以进行调节，可以运用税收总量进行调节，也可以运用税收政策进行调节。总需求大于总供给时，一方面，增加税收总量加大供给；另一方面，运用税收政策限制消费与投资。总需求小于总供给时，一方面，减少税收总量压缩供给；另一方面，运用税收政策鼓励消费与投资。

（2）实现资源的优化配置

资源配置是指通过对现有的人力、物力、财力等社会经济资源的合理分配，实现资源结构的合理化，使其得到最有效的使用，获得最大的经济效益和社会效益。市场经济下的资源配置主要是发挥市场的基础性作用，但是市场调节有一定的盲目性，需要国家从全社会的整体利益出发，通过宏观调控实现资源的合理配置。

3. 调节收入分配不公

（1）调节企业利润水平（级差收入）

每个企业都是相对独立或完全独立的商品生产者和经营者，都实行盈亏责任制或自负盈亏，都要以自己的利润作为发展生产和改善生活的主要来源。因此利润的多少直接关系到自己的切身利益，利润水平是否合理成了能否促进加强经营管理并在同等基础上开展竞争的重要因素。

合理的利润水平应该能够反映企业主观努力的大小，与企业经营管理的好坏适应。如果企业经营管理得好，利润就高；反之则少。但在现实经济生活中，企业利润水平的差异是由很多因素造成的，如经营管理水平、价格、自然资源、技术设备、地理位置等，其中有很多是客观因素。由这些客观因素造成的企业利润水平不合理的差异，我们一般称为级差收入，它不反映企业的主观努力情况，也不反映企业的经营管理水平。经营管理水平高的企业，可能会因为客观条件较差而利润较少；经营管理水平低的企业，则有可能因为客观条件较好而利润较高。这显然是不合理的，会造成企业之间的利润不均，挫伤企业的积极性。因此，为了促进企业公平竞争，保证不同的企业能有平等的竞争环境，国家有必要对企业的级差收入进行调节，即通过征税，把级差收入集中到国家手中，排除客观因素对企业利润水平的影响，如对因自然资源不同而造成的级差收入，可以通过征收资源税来调节。

（2）调节个人收入差异

改革开放以来，我国在收入分配上采取效率优先、兼顾公平的原则。劳动者个人报酬要引入竞争机制，打破平均主义，实行多劳多得，合理拉开差距。但是这也带来一些问题，居民的收入差距呈不断扩大的趋势。这一问题如果不能得到正确的解决，不仅会影响经济发展，还会带来社会的不安定。因此，税收作为调节个人收入分配不公的最终手段，其作用越来越重要。个人所得税在这方面的作用尤为突出，因为它拥有众多的调节手段，如累进税率、免税、生计费用扣除等，都提高了个人所得税调节收入的有效性；财产税对社会财富的调节作用也较大，如房产税、遗产税、社会保险税等。今后，随着个人财富的增多，这些税种的收入会有较大增长，调节作用会更强。

（3）调节地区间收入差距

地区发展不平衡是世界各国，尤其是大国存在的普遍现象。我国各地经济发展不平衡呈现两个趋势：一是经济发展水平绝对差距扩大了；二是经济发展水平相对差距缩小了。其中，人们直接感受最深的是绝对差距的扩大。所以协调地区之间经济的发展，逐步缩小地区发展差距，不仅是一个重大的经济问题，而且具有重要的社会政治意义。在这方面，税收可以发挥积极的调节作用，如给予不同地区不同的税收优惠政策，加快落后地区经济的发展，从而缩小地区间经济发展的差异。

4.维护国家主权，促进对外经济贸易往来

税收在我国对外经济交往中的作用主要表现在以下四个方面：

（1）税收是维护国家权益的重要工具

税收的权力是国家主权的一部分，每一个主权国家都应该行使这个权力。我国在对外经济交往中，通过税收行使国家主权，争取在平等互利的基础上开展国际的经济往来。如对外商在我国取得的收入征税，一方面，是遵循国际惯例；另一方面，也可以防止我国经济利益外流，维护了国家利益。

（2）保护本国经济

通过关税，对进口的不同商品规定差别税率，体现了国家鼓励和限制的政策，以此来调节进出口产品的品种和数量，这样能达到既保护国内工农业生产，又有利于引进我们所需要的商品的目的。

（3）提高出口商品竞争能力

对鼓励出口的商品免征关税和实行消费税、增值税的出口退税，能使我国出口商品以不含税价格进入国际市场，提高我国商品在国际市场上的竞争能力，以扩大出口，取得更多的外汇收入。

（4）吸引外资

通过对涉外税种实行各种优惠，吸引外国投资者向我国投资，引进外国资本及先进的生产和管理技术，从而促进我国经济的发展。

5.税收是国际斗争与合作的工具

随着经济全球一体化的发展，国际竞争与合作也越来越频繁，在这方面，税收往往成为双方谈判的重要筹码，其中尤以关税为最。例如在我国加入 WTO 的谈判中，关税就是一个很重要的内容。随着跨国经济的发展，各国为了维护本国经济利益，打击偷税，国际税务合作越来越重要，如税务资料共享、打击国际避税与逃税等。

6. 限制不法经济行为，维护正常经济秩序

税收深入社会再生产过程的各个阶段，在反映信息方面具有广泛性、及时性和可靠性的特点。税收收入的部门结构、产业结构、地区结构和所有制结构，可以全面反映国民经济结构的状况及发展。同时，税收深入企业经济核算的各个环节，不同税种收入的情况，可以全面反映出企业的生产经营状况。根据这些状况，国家可以制定相应的政策与措施，对国民经济结构及企业生产经营活动进行适当的调节。

另外，在现阶段，经济领域里还存在各种各样的不法行为，如违反财经纪律、侵占国家资产、违反工商管理制度、无证经营或越权经营等。这些行为的存在，会扰乱正常的经济秩序，不利于经济的正常发展。在税收上，通过对纳税人履行纳税情况的检查，对违反税法者给予相应处罚，既可以保证国家财政收入的及时取得，又可以发现企业是否存在非法经营等违法行为。这对维护正常经济秩序、打击违法犯罪具有重要作用。

三、税收分析的发展方向研究

税收分析质量取决于分析人员的素质与分析方法，税收分析的发展主要依靠这两个方面因素的推动。如"一桶水的容量取决于最短的桶板"所言，即便我们做了大量的基础工作，也有扎实的理论基础，但由于分析方法、逻辑思维甚至是形式逻辑的一些小偏差，也可能导致分析结果的南辕北辙。欧美发达国家具有较为完善的税收分析人员机构配置，而且分析模型、应用理论也非常丰富。我国的税收分析工作，在促进税收收入工作由计划管理向质量管理转变的过程中发挥着越来越重要的作用，也越来越被各级税务部门所重视，逐渐成为税务工作的重点工作。

（一）国外税收分析的发展方向

20 世纪 30 年代，凯恩斯主义提出了反映政府增加或减少税收所引起的国民收入变动程度的税收乘数理论。阿瑟·拉弗的"拉弗曲线"指出，在市场经济条件下，当税收在一定区间内增长时，会促进 GDP 的增长；而当税收增长超过一定限度时，会对经济增长产生抑制作用。近年来，萨缪尔森、托宾等人利用现代计算技术，通过数学模型研究，准确地说明和论证了税收政策变化对经济的影响，更指引了

税收分析的发展方向。从近期欧美税收分析经验来看，主要存在模型分析、团队分析两大发展方向。

模型分析在欧美发达国家税收研究中比较普遍，在未来相当长的一段时间内，模型分析仍然是一个研究热点，也是国外税收分析的一个发展方向。西方研究者多以方案和措施的形式提出问题，运用计量模型加以论证，由此产生了大量税收分析模型，如用来估算税法变化对税收收入影响的微观模拟模型，包括个人税收模型、公司税收模型、遗产和赠予税收模型、个人面板模型、消费税模型等。英国的个人所得税模型（Personal Tax Model，简称 PTM），就是英国税务海关总局利用微观模拟方法进行个人所得税政策分析的一个有力工具。该模型使用 SAS 语言编写，由税收政策分析小组负责运行和维护，主要有帮助编制预算、帮助政策选择、进行税收收入预测三个用途，用来分析税制改革对宏观经济影响的宏观经济模型包括宏观经济增长模型及动态随机一般均衡增长模型等。

随着社会的发展，税收涉及的方方面面的因素越来越多，受制于时间、知识等因素，个人很难完成税收的深度研究，这就要求有一个配备经济、税收、法律等各方面人才的团队或聘用专门机构共同进行税收分析。以美国为例，由参议院和众议院联合设立了"税收联合委员会"（JCT），并且将其税制改革效应分析的职能以法律的形式确定下来。自设立以来，随着职责的不断强化，税收联合委员会不断加强人力资源的配备，包括经济学专家、法律专家、计算机专家、会计专家和统计专家等专业人员，由各学科专家组成的团队保证了税收分析的专业性、有效性和及时性。税收联合委员会还与外部研究机构签约，使用外部研究机构开发的分析模型进行税收分析，如租用宏观经济顾问公司和全球视野公司的大规模宏观经济模型等。

（二）国内税收分析的发展方向

我国税收分析工作起步较晚，最初的"计划管理"工作模式，对税收分析的要求较低，多是对税收完成情况的事后增、减收入因素分析。随着由"计划管理"向"质量管理"工作模式的转变，税收分析工作逐渐走向前列，在税收工作的事前、事中、事后都发挥着积极的、越来越重要的作用。

在人员培养上，我国加大对税收分析人员的培训力度，与国际货币基金组织、国际经合组织等联合开展了多层次、多角度的税收分析骨干培训班，制定并完善了税收分析方法，不断拓宽税收分析思路，实现了由税收进度及增减情况的简单对比分析，向宏观税负、税收弹性等征管质量状况分析的转变；提出设立专门的部门，常规性地开展税收收入影响的估算和经济效应的分析工作；加强税制改革效应分析人才建设，给专门机构配备数量足够、结构合理的专业化分析人才，并在工作实践与学术交流中不断提高业务素质与分析能力。

在分析方法上，我国通过积极探索税收分析方法，将微观经济学、数理统计学理论和方法应用到重点税源分析领域中，建立起重点税源分析方法体系，包括税源经济分析方法、企业税收分析方法、微观税收经济分析方法，以及增值税、消费税、营业税、企业所得税分税种微观分析指标体系，创建了跨期数据稽核模型、微观税负聚类分析模型、税源质量与征收效能分析模型、效能评估分析模型等技术和应用方法。同业税负分析模型、行业税负预警模型等已经在税收互动分析中使用。

在工作方式上，采取课题组的形式，联合外部研究机构，共享社会研究资源，组建由经济、税收、法律、统计等相关学术领域人才构成的临时课题组，共同完成税收分析工作。根据税收分析任务的需要，提出研究命题，联合院校、科研机构的力量，借鉴国际先进的理论研究成果，并结合我国实际加以改造，制作出满足我国经济税收分析工作要求的理论框架、实证方法和分析模型。

在数据模型上，以国外模型为基础，结合我国税收分析工作，进行个性化改造，建设有中国经济税收特色的模型。建立微观模拟模型，以个人、家庭和企业等微观单位为模拟对象，在计算机上再现社会经济环境。建立主要税种的微观模拟模型，评估政府税收政策对每个微观个体的影响，然后通过统计汇总得到政策的总体宏观效果或者对每一类微观群体的影响。建立微观（或中观）计量模型，对税务部门拥有的包括税收统计、重点税源、税收调查和减免税调查等不同时期、不同维度的基础数据进行详细的清查、梳理和加工，在微观或中观层面，构建包括税收时间序列、税收经济面板和税收向量自回归等在内的多种计量经济学模型体系。建立宏观模拟模型，用于模拟税制改革政策对财政收入、整体经济和各部门的产出、就业、储蓄等各方面的影响，特别是长期的结构性变化，在测算营业税改征增值税的经济税收效应中，构建了静态的中国税收可计算一般均衡模型，并在此基础上进一步研究动态模型。建立宏观计量模型，依据现有比较成熟的宏观计量模型框架，设置详细的税收模块开展研究，根据自身需求建立以税收为中心的模型框架。由于宏观计量模型各有不同的特点和适用性，一项比较大的政策改革往往需要同时使用不同类别的模型开展分析，多种模型并存是最优的选择。

在数据资源上，结合金税三期建设，加强数据共享建设，实现多方数据资源共享。在总的分析思路前提下，按照构建模型的要求，逐步建立起一套完整、连续的数据库。首先，赋予税收经济效应分析部门数据建设的权限，使之能够根据分析工作需求，建立相应的数据库和分析模型；其次，整合税务部门内部现有的数据资源，使之在经济税收分析方面发挥最大的作用，同时减少对纳税人申报数据的重复要求，减轻纳税人负担；再次，共享政府部门与行业部门已有的核算数据与各项调查数据，在必要时开展专门的统计调查，获取必要的补充数据。

第四章 税收风险管理理论与实践

第一节 税收风险管理的基本理论

风险管理是社会经济发展的产物，是管理科学与科学技术融合的结果。税收风险管理是现代科学技术与现代税务管理相融合的产物，是税务机关将风险管理理念、方法、制度、流程等全面引入税收工作，目的在于通过风险管理，将有限的税收征管资源进行更有效的配置，最大限度地规避税收执法风险，最有效地防范税收流失，促进纳税遵从不断提升。

一、风险与风险管理

（一）风险的概念

1.风险的定义

对于风险的定义，不同的学者基于不同的研究视角有各自的理解，比较有代表性的观点有三种：第一种观点是把风险视为机会，认为风险越大可能获得的回报率就越大，相应可能遭受的损失也越大；第二种观点是把风险视为危机，认为风险是消极的事件，可能产生损失，这常常是大多数企业所理解的风险；第三种观点介于两者之间，也更学术化，认为风险是一种不确定性。

风险的定义虽然众多，但有两点是相同的：一是风险是针对预期目标的实现而言的；二是风险的本质是不确定性，这种不确定性会对预期目标的实现产生影响。

2.风险的特征

风险的特征是风险内在规律的外在表现。从风险的众多定义中我们不难看出，风险主要具有以下特征：

（1）风险具有客观性和普遍性

由于不确定性的存在，客观事物发生、发展的结果与预期之间可能会出现不一致，这种不确定性带来的风险随客观事物的存在而普遍存在，随客观事物的变化而不断变化，是无处不在、无时不有的客观存在。通过研究可以探索风险的规律，寻求控制和管理风险的科学方法，但却不能完全消除风险。

（2）风险具有不确定性

不确定性是风险的本质特征。由于人们在当前时点对客观事物的未来发生、发展过程不可能完全预知，因此客观事物发展的最终结果与人们预期之间就有可能存在差异，而这种差异是否发生及差异的大小具有不确定性。如果客观事物发生、发展的结果可以准确预测，那么就无风险可言。

（3）风险具有相关性

风险与特定的主体相关，是特定主体的风险，与特定主体的行为和预期紧密相连。特定主体不同的行为或预期所面临的风险种类、性质及程度是不同的，同一种风险对不同主体的影响也各不相同。

（4）风险具有损失性

风险的发生会给特定主体带来影响。通常我们关注的风险影响是指特定主体不愿看到的，对主体有损害，要采取有效决策予以规避的影响。没有损害性的风险不称为风险。

（5）风险具有预期性和可测性

风险是不确定性导致的客观事物发生发展的实际结果与预期之间的差异，这一差异的存在是可以预期的。对于重复出现的风险，可以通过对历史资料的统计分析，对其发生的频率和造成损失程度的分布情况做出合理的估计，从而对特定类型事件的风险进行识别、测量和评估。

（6）风险具有可变性和可控性

随着客观事物的不断发展和外界环境的变化，同一主体所面临的风险也会不断变化，同一风险的影响程度会随之变化，影响该主体的风险种类和性质也有可能发生变化。风险的可变性为控制风险带来了可能。在一定的客观条件下，通过科学、有效的风险管理措施，可以使原有的风险状况发生有利于主体的变化，或削弱，或消除，或转移。

3. 风险的构成要素

大多数学者认为，风险主要是由风险因素、风险事故和风险损失三要素构成的，这些要素的相互作用决定了风险的产生和发展。

（1）风险因素

风险因素是指促使某一特定风险事故发生或增加其发生可能性或扩大其损失程度的原因或者条件。它是风险事故发生的潜在原因，是造成损失的内在或者间接原因。例如：对纳税人而言，风险因素是指纳税人自身的诚信度、申报纳税的能力等。

根据性质不同，风险因素可分为有形风险因素与无形风险因素两种类型。

①有形风险因素。有形风险因素也称实质风险因素，是指某一标的本身所具有的足以引起风险事故发生或者增加损失机会或加重损失程度的因素。

②无形风险因素。无形风险因素是与人的心理或行为相关的风险因素，通常包括道德风险因素和心理风险因素。道德风险因素是指与人的品德修养有关的无形因素，即由于人们不诚实、不正直或有不轨企图，故意促使风险事故发生，以致引起财产损失和人身伤亡因素；心理风险因素是与人的心理状态有关的无形因素，即由于人们疏忽或过失，以及主观上的不注意、不关心、心存侥幸，以致增加风险事故发生的机会和加大损失的严重性的因素。

（2）风险事故

风险事故也称为风险事件，是指造成人身伤害或财产损失的不确定事件，是造成损失的直接的或外在的原因，是损失的媒介物，即风险只有通过风险事故的发生才能导致损失。就某一事件来说，如果它是造成损失的直接原因，那么它就是风险事故；而在其他条件下，如果它是造成损失的间接原因，它便成为风险因素。

（3）风险损失

风险损失是指非故意、非预期、非计划的经济价值的减少。通常将风险损失分为两类，即直接损失和间接损失。直接损失是指风险事故导致的财产本身损失和人身伤害，这类损失又称为实质损失；间接损失则是指由直接损失引起的其他损失，包括额外费用损失、收入损失和责任损失。

风险是由风险因素、风险事故和风险损失三者构成的统一体。风险因素是引起或增加风险事故发生的机会或扩大损失幅度的条件，风险事故的发生就会带来风险损失。风险因素是产生损失的潜在原因，风险事故是导致损失的不确定事件和直接原因。因此，从源头上控制和消除风险因素可以降低风险事故发生的概率，从而减少或避免风险损失，对引起损失的潜在原因——风险因素进行科学的管理就显得十分重要。

（二）风险管理的概念

为了避免风险事故发生的消极后果，减少风险事故造成的损失，人们引入管理科学的原理和方法来规避风险，于是风险管理便应运而生。因此，风险管理是一个管理学范畴。风险管理是指如何在项目或者企业一个肯定有风险的环境里把风险减至最低的管理过程。具体而言，风险管理是指通过对风险的认识、衡量和分析，选择最有效的方式，主动地、有目的地、有计划地处理风险，以最小成本争取获得最大安全保证的管理方法。

二、税收风险与税收风险管理

税收风险主要来自纳税主体，产生于一切税收活动过程中，系统地理解税收风险的概念、特征及成因是开展税收风险管理的基础。实施税收风险管理有助于提高纳税人税法遵从水平。

（一）税收风险

1.税收风险的定义

税收风险属于社会公共风险的范畴，有广义与狭义之分。广义的税收风险，是指国家在税收征管活动过程中，由于社会经济环境、税收制度、税收管理及纳税人不遵从等各种不确定因素的影响，导致税收流失的可能性与不确定性；狭义的税收风险，即税收遵从风险，是指在税收管理中，对实现税法遵从目标产生负面影响的可能性，其表现为税收流失的不确定性或税收应收预期与实际征收结果的偏离。通常所说的税收风险是指的税收遵从风险，亦即狭义的税收风险概念。

2.税收风险的特征

税收风险既具有风险的一般特征，如客观性和普遍性、不确定性、相关性、损失性、预期性和可测性，也具有政治性、综合性及传导性等特有的特征。

（1）税收风险的一般特征

由于政策制度、时间安排等诸多主客观因素的限制，政府履行公共职能难以与征收的税收完全对等，因此，税收风险是不可避免的。只要政府不能完全有效地履行公共服务职责，纳税人付出的成本与收益就无法平衡，税收风险也会随着税收的存在而存在。对纳税人而言，税收是其成本的一部分，为了实现自身经济利益最大化，理性的企业和个人会对税收进行合理的规避，以达到减轻自身税负的目的，使得纳税申报制度不能有效执行，导致税收风险存在不确定性并对政府财政收入带来损失。申报应纳税款的多少取决于纳税人的遵从选择、税务筹划水平及相关的税收政策制度的完善程度等因素，不同纳税人的税收风险程度各不相同，由此产生的实际税收收入偏离预期税收收入的程度也不同。

税务部门无法消灭税收风险，但能预测税收风险发生概率和可能造成的损失，通过经济、政治和必要的政策制度等手段控制税收风险，将其不利影响控制在可接受范围内。

（2）税收风险的特有特征

①税收风险的政治性

税收是政府为实现或履行职能而向广大纳税人筹集的资金，因此税收风险必然带有政治性。与一般领域的风险不同，税收风险难以通过市场标准来衡量，只有税务部门知晓纳税征收的期望程度与实现程度，社会及市场上并没有明确的标准来衡量和计算遵从率及税收风险。

②税收风险的综合性

税收风险存在于税收征管的各个环节，任何一个环节的疏忽都可能增加税收风险，并且对每一个环节中的具体风险而言，又是由税收征管活动的有效性、纳税人遵从度等诸多不同因素构成的，因此，税收风险是多因素综合的结果。

③税收风险的传导性

由于税收活动涉及社会经济的方方面面，税收风险与社会经济紧密相连，在某个个体出现的税收风险可能传导至整个地区、整个行业，进而影响社会经济的方面，甚至整个经济体系的发展，可能会影响某政府财政的正常运行。此外，纳税人的税收风险一旦得到确认，不仅要接受补缴税款和滞纳金的经济处罚，还会在信用贷款、政府支持、税收优惠和社会舆论等多方面受到影响。

3. 税收风险的分类

根据不同的分类标准，对纳税人表现出来的不遵从行为可以分成不同种类。基于税务机关征管的角度，对于税收流失风险的分类，可以从纳税人和税务机关两个层面进行分类，即纳税遵从风险与税收征管风险。

（1）纳税遵从风险

纳税遵从风险是指纳税人因规避纳税义务，或者没有正确、充分执行税收政策而导致其经济利用、社会信用等方面遭受损失的可能性。研究认为，影响纳税人税收遵从的因素至少有社会因素、企业概况、行业特征、经济因素、心理因素等多种因素综合影响的结果，这些因素的整体影响，导致纳税人对税收遵从的态度形成不同的纳税遵从态度的等级分类，即积极自愿遵从、努力尝试遵从、抵制不遵从、决定不遵从。积极自愿遵从、努力尝试遵属于遵从范畴，而抵制不遵从、决定不遵从属于不遵从范畴。

①积极自愿遵从

这类纳税人的税法意识最强，持有这种态度的纳税人，他们非常愿意遵从税收法律法规规定的义务，愿意支持税务部门的监管体系，积极接受税法及税务机关的要求。这类纳税人相信税法的公正性，认为税收体系是合理的、税务机关是合法的，纳税人缴纳税收的同时，也享受到政府提供的服务。

②努力尝试遵从

这类纳税人对纳税的态度属于基本愿意遵从，但是在遵从的过程中由于理解和履行纳税义务时存在困难或出现偏差，导致不能及时、准确、全面地履行纳税义务而出现疏漏。在税收征管实践中，确实存在纳税人主观上无不缴、少缴税款的意愿，但实际上由于不懂税法或者没有很好地掌握税法导致非故意的少报、漏报税款。这些纳税人主观上没有逃避缴纳税收的企图，他们也期望与税务机关建立信任、合作的关系。

③抵制不遵从

这类纳税人对纳税相关的事务有抵触情绪，包括对政府管理不满意、对政府提供的服务不满意、对税收制度与政策制定不满意、对税务部门的监管不认同、对税务部门提供的纳税服务不满意、对自身的权利实现缺乏保障不满意等。这些纳税人主观上有意识地逃避纳税，但是税务机关如能够加强税收监管并做好宣传辅导，他们会选择遵从。

④决定不遵从

这类纳税人是对纳税相关事务完全不配合，持有这种态度的纳税人目的就是逃避纳税、逃避税务机关的监管，他们对政府征税十分抵触，质疑税务部门征税的合法性。这种风险主要是因为税务机构税收监管力度不足、社会压力不够，对纳税人不遵从行为没有形成强大的威慑与打击，其典型的表现为故意偷税、抗税、骗税及恶意欠缴税款。

（2）税收征管风险

税收征管风险，是指税务机关和税务人员在执行税法时，因主观或客观因素造成税收征管的不确定性，其结果是造成税收的流失。从税务机关税收征管的角度看，具体存在以下四种风险：

①税源监控管理风险

经济决定税源，税源直接影响税收。税源转变成为税收的程度与税务机关的监控能力具有密切的联系，税源监管能力强，其转化为税收的程度就高；反之，税源监管能力弱，其转化为税收的程度就低，税收流失可能性就高。从现实情况看，税务机关的税源监控能力还存在诸多的掣肘，比如征纳信息的不对称、税收管理理念和制度的不科学、税务人员的素质等，税源监控的能力有待加强。

②税收执法过错风险

税收执法风险，是指税务机关及工作人员在执行税法过程中，由于执法不作为或执法不规范，侵犯了国家或税务管理相对人的合法权益，从而引发需要承担相应法律后果的风险。从当前征管实际看，由于外部执法环境，如地方保护主义、政府干预等影响税务机关执法；从税务机关自身看，执法风险意识不强、管理制度流程缺陷、人员能力素质不高等都是引起执法风险的因素。

③纳税服务风险

随着建设公共服务型政府力度的加大，纳税服务工作越发得到税务部门的重视，纳税服务与税收征管已经成为税收核心工作。纳税服务的理念、体系、方法、手段不断改进，纳税人满意度总体得到有效提高，但也应该看到当前纳税服务还不能满足纳税人多元化、个性化的需求，存在追求表面现象不重视效果的"被服务"现象，低水平、浅层次的纳税服务有待改进，纳税服务与税收征管还没有真正融合。

④税收安全风险

税收安全风险，是指税务机关在征税过程中，因经济发展、社会环境、国际政治、科学技术等因素造成税收收入持续稳定增长的不确定性。从经济发展与社会环境看，金融危机、自然灾害等都会对经济主体造成严重影响；从国际政治看，经济制裁、贸易壁垒甚至战争都会通过经济影响税收；从科学技术看，随着信息化建设的不断深入，税收征管数据集中程度越来越高，数据分析利用能力大大增强，但与此同时，税收数据安全面临的风险也大大增加。

（二）税收风险管理的概念

现代税收风险管理确立的税务机关努力的目标是提高纳税遵从度，因此，税收风险体现在税收风险管理中，就是那些对提高纳税遵从度有负面影响及可能带来税收流失的各种可能性与不确定性。从而，税收风险可以从两个方面度量：一是税收风险的可能性，即纳税人带来税收收入流失的不遵从行为发生的概率；二是税收风险带来的损失程度，即发生纳税不遵从行为导致的税收收入流失的额度。

税收风险管理要求税务机关以风险为导向，识别出导致纳税不遵从行为的潜在因素，并制定相应的应对办法，减少甚至消除不遵从行为，最终实现提高税收遵从度，提高税收收入的组织目标。

（三）在税收管理中引入风险管理的必要性

20 世纪 70 年代以来，新公共管理运动在发达国家兴起，税务部门不断改进税收征管策略，在征管手段上广泛应用信息技术加强涉税信息采集、利用，在机构设置上强调集约化、扁平化及机关实体化运作，对有限的资源进行合理的配置和运用，以最小的税收征收成本获取最大收益，即税收流失率降到最低，实现税收风险降低和纳税遵从度的提升。因此，将风险管理和税收管理等管理科学理论融合，在税收管理中引入风险管理成为税务部门的必然选择。按照风险管理的基本方法，建立税收风险应对机制，对不同风险的纳税人实施差异化的管理措施，将有限的征管资源优先用于高风险的管理对象，可以进一步增强税源管理的科学性、针对性与实效性。

经过多年的市场经济发展，我国经济规模不断增长，经济面貌呈现多样化，税务机关面临的征管局面日益复杂，原有的户管员划片管户、以人盯人、以票管税、保姆式服务等管理方法，依靠个体经验方式来收集信息、判断情况、实施管理，管理的质量和水平就无法提高，税源控管能力不足的问题不断显现，不但不能很好地解决纳税人遵从问题，而且会使税务机关和税务人员的执法风险与日俱增。具体表现如下：

1. 传统税收管理方式不适合新形势的需求

传统的税收管理模式基本上是采用人海战术，由税收管理员"人管户"的方式进行属地管户，但这种粗放的税源管理方式已难以适应新形势的要求。

一方面，随着经济全球化和我国社会主义市场经济的发展，劳动力、资本、技术等生产要素以空前的广度、强度和速度跨地区、跨国界扩张转移，经济规模和经济结构快速发展变化。作为市场主体的纳税人数量、组织结构、经营与核算方式发生了重大变化。经济的跨国化与税收管理的属国化、经济活动的跨区域化与税源管理的属地化之间的矛盾日益突出，尤其是传统的税收管理员属地划片管户的税源管理方式，已难以适应经济形势的变化。在各地税务机关各自的征管范围之内，都有一些集团公司，其下属的分支机构或集团成员企业分布在各县、市、区，有的分布到其他省份，甚至是省外或国外；同样，税务机关也管理着一些分支机构或集团成员企业，其总机构又在外地、外省甚至境外，从征管的现实角度看，存在着通常所说的看得见的管不着、管得着的看不见的问题。

另一方面，智慧地球、互联网、物联网、云计算等发展掀起新一轮信息技术革命，深刻影响着人类的生产生活方式。企业经营和管理电子化、智能化趋势日益明显，规模庞大、结构复杂的金融电子交易和电子商务不断增长。而传统的人海战术、以票控税等管理手段已难以适应信息社会迅猛发展的现实。虽然税收征管数据已逐步实现总局、省局集中，信息技术也提供了高效处理信息的手段；但是相当一部分基层税收管理员仍依靠个体、手工等传统方式实施税源管理，信息应用水平较低。与之相对，纳税人，尤其是大型企业集团，却是高度的电子化，从管理、控制到财务、会计，甚至仓储、物流等都是通过信息系统实行团队化的专业处理。显然，只依靠各地基层税务人员对纳税人进行保姆式的管理和服务是不够的。

2. 征纳双方信息不对称现象日益突出

在社会政治、经济等活动中，一些成员拥有其他成员无法拥有的信息，由此造成信息不对称。税务机关和纳税人之间的信息不对称表现在以下两个方面：一是税务机关对税源监控乏力。纳税人了解自己的生产经营及核算情况，知道自己的纳税能力，而税务机关相对于纳税人来说却是局外人，对纳税人的生产经营、会计核算信息知之不多。由于生产经营方式的多样性、银行结算方式的失控及发票管理存在大量漏洞等多种因素，税务机关仅通过日常申报、下户巡查，无法完全掌握纳税人真实的生产经营情况和财务核算情况。有些不法分子正好利用这个便利条件进行多头核算、现金交易、账外经营，随意转移、隐藏收入，偷逃国家税款。二是纳税人对税收政策难以掌握。由于我国正处于经济社会高速变革发展的过程中，税收制度、税收政策变动也很频繁，而部分纳税人纳税能力相对较低，对税法、税收政策不能完全理解甚至根本不懂，加大了纳税人的纳税风险。大量的征管实践显示，一些纳税人不懂法、不守法的问题，常常是导致征纳双方之间出现摩擦或碰撞的主要原因。

3. 税务机关的资源难以满足征管工作的要求

当前税收征管中，纳税人数量激增，而基层税务机关工作人员数量却没有相应增加，大多数税源管理工作人员都感到任务较重，大部分时间都用于应付日常管理，对税源管理的深入分析和思考则显得力不从心，因此，采取的管理措施也没有针对性。随着经济的发展，有限的征管资源与纳税人数量日益增加的矛盾越来越突出，靠增加人力资源来加强税源管理已无可能性。另外，随着我国税收改革不断深化，对税务机关人员的素质要求越来越高，而现有税务人员的能力远远不能满足征管工作的高要求。传统的全面撒网、不分轻重的"牧羊式"管理方式对税源的控管缺乏针对性，造成税务机关资源的浪费。因此，将稀缺的资源进行优化配置，提高纳税遵从度，只有通过税收风险管理才能够解决。

4. 纳税成本居高不下

降低税收成本是税收管理的重要原则，国际货币基金组织提出了良好税制的五个特征：经济效率、管理简化、富有弹性、政治透明度高和公平。其中经济效率、管理简化和公平三个特征是最传统、最基本的优化税制要求。当前，一方面是税收管理资源的严重不足；另一方面，则是既有的管理资源没有得到优化配置和高效使用，造成了税收管理的高成本和低效率。解决这些突出问题，需要创新税收管理理念，突破传统税收管理思维，推行以税收风险管理为代表的科学有效的税收管理方式，以优化配置有限的征管资源，充分发挥信息数据的作用，实施有针对性的风险管控，提高征管质效。

5."放管服"改革对税务机关提出了新要求

以简政放权、放管结合、优化服务为主要内容的政府职能转变是一场从理念到体制的深刻变革，是我国政府的自我革命。"放"，政府下放行政权，减少没有法律依据和法律授权的行政权，理清多个部门重复管理的行政权；"管"，政府部门创新和加强监管职能，利用新技术新体制加强监管体制创新；"服"，转变政府职能减少政府对市场进行干预，将市场的事推向市场来决定，减少对市场主体过多的行政审批等行为，降低市场主体运行的行政成本，促进市场主体的活力和创新能力。

"放管服"改革要求税务机关转变旧有的征管方式，以推行纳税人自主申报纳税、提供优质便捷办税服务为前提，以分类分级管理为基础，以税收风险管理为导向，以现代信息技术为依托，推进税收征管体制、机制和制度创新。这就要求税务机关建立有效的税收风险管理机制，对纳税人加强税法遵从度分析，应对税收流失风险，堵塞征管漏洞，对税务人加强征管努力度评价，防范执法和廉政风险，提高征管效能。适应"放管服"改革，需要对税源管理环节进行调整，变注重事前管理为科学细化事中、事后管理，也就是增强税收后续管理的及时性和针对性，研究税收管理资源如何围绕放在事中和事后两个环节开展工作。通过合理地运用风险管理工具、深入分析、及时识别、有效应对、适时控制税收活动的各种风险因素就成为加强税收后续管理的必要和必须。

新的税收环境要求税收管理转向以税收风险管理为导向的管理方式，"风险导向"主要表现在以下四个方面：

（1）确立税收管理的"风险导向"，就是明确"管理就是管理风险"的理念。在纳税征管的全过程中，自始至终关注风险，坚定执行风险管理的流程，把风险控制在可接受范围内。以风险管理为核心，全方位地整合各项管理内容与各个管理体系，防止出现风险管理的死角。为此，要在组织内部培育健康的风险意识，通过沟通使所有利益相关人统一风险语言。只有明确管理是管理风险的理念，才能把税务机关从纳税人管理的狭隘眼界中解放出来。

（2）确立税收管理的"风险导向"，就是明确以风险评估为依据的决策原则。

以风险的评估为依据，不仅是要求风险评估成为决策过程的一部分，而且更是要求风险评估的结果作为决策的依据。这就明确了决策过程中风险评估的目的和标准，避免了决策过程中风险评估的形式化和劣质化倾向。虽然现在税收征管改革过程中风险评估结果与实际稽查结果有差距，但是税收风险评估是一个不断修正、循环往复的流程，不能因为初期产生的偏差就将风险评估过程流于形式。

（3）确立税收管理的"风险导向"，就是明确在组织架构、组织职能、流程确立和资源配置方面要满足风险管理的需要。现在的市场环境中，风险无处不在，瞬息万变，风险管理的需要是推动组织变革和业务模式转型最根本的动力。要克服不利于管理风险的任何障碍，做到所有风险都有人负责管理，每一个人都负责管理风险，使组织始终处于应对风险的最佳状态。

（4）确立税收管理的"风险导向"，就是明确不单纯以业绩结果评价管理的得失，即不以成败论英雄，而是把业绩的结果和业务操作过程中的风险结合起来综合评价管理。组织的生命的重要性应当超过任何阶段性的具体结果，因此，在绩效考核时不仅要看到阶段性的业绩，还要考虑组织为取得业绩承担的风险。

（四）在税收管理中开展风险管理的可行性

1. 中央深改方案的方向引领

近年来，中央印发了《深化国税、地税征管体制改革方案》（以下简称《方案》），提出了依法治税、便民办税、科学效能、协同共治、有序推进的改革原则，其中，科学效能原则具体是指"以防范税收风险为导向，依托现代信息技术，转变税收征管方式，优化征管资源配置，加快税收征管科学化、信息化、国际化进程，提高税收征管质量和效率"。并就如何落实简政放权、放管结合、优化服务的要求，转变税收征管方式，提高税收征管效能，切实加强事中事后管理，对纳税人实施分类分级管理，提升大企业税收管理层级，建立自然人税收管理体系，加快税收信息系统建设，推进涉税信息共享等与税收风险管理有关的内容提出指导性意见。

《方案》描绘了构建科学严密税收征管体系的宏伟蓝图，为推进税收治理现代化指明了道路。以税收征管信息化平台为依托、以风险管理为导向、以分类分级管理为基础，推进征管资源合理、有效配置，实现外部纳税遵从风险分级可控、内部主观努力程度量化可考的现代税收征管方式，是税收征管体制改革的方向。

2.信息化建设提供的技术支撑

近年来，各地税务机关的信息化水平不断提高，相当多的省份在实现了税收数据的省级大集中，为税务机关开展税收数据治理和大数据应用积累了经验。近年来成功上线的金税三期税收管理系统，具有全国应用大集中、国地税统一版本、数据标准统一规范等特点，为实现全国统一执法、统一征管数据监控、统一纳税服务、统一管理决策奠定了坚实的基础。与此同时，政府部门间信息交换机制和互联网涉税信息采集技术都得到了长足的发展，这些都使得税务机关能够以大数据应用为手段，开展税收风险管理。

（五）税收风险管理体系

为实现税收风险管理的目标和规划，需要建立起有效的税收风险管理体系，在组织构架、岗位职责和人力资源等方面做出合理的安排。税务机关因地制宜，统筹安排管理资源，按照统分结合、分类分级应对的原则，合理划分各层级和各部门在税收风险管理工作中的职责，形成纵向联动、横向互动的工作机制，做到职责清晰、分工明确、运行顺畅。

1.明确组织架构

明确国家税务总局、基层税务机关及在两者之间层级税务机关间的职责划分。国税总局负责指导全国范围内的税收风险管理工作，组织制订税收风险管理战略规划、制定税收风险管理工作规程、制定税收风险过程监控和效果评价标准并实施监控与评价、组织开展特定领域的税收风险分析和应对任务推送。省税务机关制订本地税收风险管理战略规划和年度计划，开展风险分析，建立税收风险管理模型和指标体系，形成本地风险特征库，并对风险纳税人进行等级排序，推送应对任务并实施过程监控及效果评价。市、县税务机关重点做好税收风险应对工作，必要时，也可以组织开展风险分析识别工作。

2.明确岗位职责

明确各层级税收风险管理领导小组及其办公室的职责，按照横向互动、纵向联动的原则建立起其与各业务部门、上下级单位间的衔接、协调机制。建立税收风险快速响应机制、风险协作机制，有效开展风险分析，整合风险应对任务，统筹组织风险应对，强化国地税风险管理信息互通、管理互助和协同应对。

3.配置人力资源

明确风险规划岗、风险分析岗、风险应对处置岗、监控及评价岗等不同岗位不同的人力资源配置要求、后续培养规划等，使税收风险管理能够顺畅、有效运行。要进一步加大各类管理人才的培养力度，充分发挥税收风险管理领军人才和专业人才库人才的引领作用，为有效实施税收风险管理奠定人力资源基础。

（六）税收风险管理基本流程

税收风险管理的基本内容包括目标规划、信息收集、风险识别、等级排序、风险应对、过程监控和评价反馈，以及通过评价成果应用于规划目标的修订校正，从而形成良性互动、持续改进的管理闭环。

1.目标规划

结合税收形势和外部环境，确定税收风险管理工作重点、工作措施和实施步骤,形成系统性、全局性的战略规划和年度计划,统领和指导税收风险管理工作。

2.信息收集

落实信息管税的工作思路，挖掘和利用内外部涉税信息，作为税收风险管理工作的基础。收集的涉税信息包括宏观经济信息、第三方涉税信息、企业财务信息、生产经营信息、纳税申报信息等不同来源、不同形式的信息。税务机关建立企业基础信息库，并定期予以更新。对于集团性大企业，还要注重收集集团总部信息。

3.风险识别

建立覆盖税收征管全流程、各环节、各税种、各行业的风险识别指标体系、风险特征库和分析模型等风险分析工具。统筹安排风险识别工作，运用风险分析工具，对纳税人的涉税信息进行扫描、分析和识别，找出容易发生风险的领域、环节或纳税人群体，为税收风险管理提供精准指向和具体对象。

4.等级排序

根据风险识别结果，建立风险纳税人库，按纳税人归集风险点，综合评定纳税人的风险分值，并进行等级排序，确定每个纳税人的风险等级。结合征管资源和专业人员的配置情况，按照风险等级由高到低合理地确定须采取措施的应对任务数量。

5.风险应对

按纳税人区域、规模和特定事项等要素，合理地确定风险应对层级和承办部门。在风险应对过程中，可采取风险提醒、纳税评估、税务审计、反避税调查、税务稽查等差异化应对手段。

6.过程监控及评价反馈

对税收风险管理全过程实施有效监控，建立健全考核评价机制，及时监控和通报各环节的运行情况，并对风险识别的科学性和针对性、风险等级排序的准确性、风险应对措施的有效性等进行效果评价。加强对过程监控和评价结果的应用，优化识别指标和模型，完善管理措施，提出政策调整建议，实现持续改进。

第二节　信息化时代下的税收风险识别

税收风险识别是指围绕税收风险管理目标，应用科学合理的方法、模型及指标体系，对涉税数据进行分析加工，判断其类型，形成并存储风险点的过程，主要包括数据整备、指标模型管理、加工产生风险点三个部分。

一、税收风险识别的相关概念

（一）税收风险识别的定义

风险识别是指管理人员利用有关的知识和一定的方法就经济单位和个人面临的风险加以判断发现风险因素的过程。风险识别实际上就是收集有关风险因素、风险事故等方面的信息，发现导致潜在损失的因素。

根据税收风险管理理论，税收风险识别是整个税收风险管理流程的第一个环节，在这一环节，需要确定税务部门面临的所有可能的风险来源，以及这些风险对税收收入的影响程度。因此，税收风险识别就是围绕税收风险管理的目标，依据所掌握的涉税信息数据，运用相关学科的原理及定性与定量相结合的方法对潜在的税收风险进行分析，寻找税收风险点，并评估纳税遵从风险及税款流失的严重程度，以便在此基础上提出应对风险的方案。

根据以上定义，税收风险识别的目的包括以下两个方面：

其一，是要从错综复杂的纳税环境中辨别出税收风险发生的源头、方向和具体目标，明确所面临的主要风险行业、风险区域、风险纳税人及具体的风险点。

其二，是对税收风险发生的概率及潜在的税收流失的严重程度进行定性和定量的估计和预测，使税务人员充分地了解每种税收风险的潜在损失，进而有助于对各种风险分情况应对，提高应对效率。

（二）税收风险识别作用

税收风险识别是税收风险管理工作的基础。在整个税收风险管理工作中具有重要作用，主要表现在以下三个方面：

1. 税收风险识别是税收风险管理的必要途径和关键环节

随着社会经济的不断发展，纳税环境越发复杂，只有通过科学的税收风险分析方法，才能了解和掌握税收风险发生的一般规律，从而更有效率地发现潜在的税收风险，进而采用有效措施开展有针对性的控制和排查，提高税收风险管理的针对性和有效性。

2. 税收风险识别体现税收风险管理过程的科学性

税收风险识别过程是将传统的税收风险管理业务与现代计算机信息处理技术相互融合，两者相互补充，相互验证。借助计算机信息技术，运用统计学、计量经济学等领域的学科知识，结合税收规章制度，借鉴税务人员的经验，实现对税收领域多角度、全方位的分析和研究，更准确地找寻税收风险发生的领域和概率。因此，税收风险识别是最能体现税收风险管理的科学技术性的环节，是税收风险管理的发展趋势，对提高税收风险管理的有效性和准确性具有重要意义。

3. 税收风险识别是税收风险定等排序和推送应对的基础

只有税收风险识别科学、准确，风险定等排序和应对才有意义。税收风险识别为后续的风险定等排序提供了全面、具体的量化信息，为风险应对提供了指导方向和分析思路。随着税收风险识别方法和经验的日益积累与发展，整个税收风险管理的循环也会日益高效。

（三）税收风险识别原则

1. 系统化原则

税收风险的产生和发展具有系统化的特征，所以税收风险识别同样应当遵循系统化的原则，制定合理的流程，系统地分析税收风险发生的一般规律和特殊情况，多层次、多角度、全面地识别税收风险点，评估风险后果，为采取相应的应对策略提供完备依据。

2. 规范化原则

对整个税收风险识别工作而言，必须遵循税收风险管理工作中制定的各项制度和标准，建立起风险识别工作的管理机制，明确风险识别的岗位职能，结合各地的税源情况和工作能力，合理地安排各层级识别工作的内容和流程，制定标准化的识别方法及流程，并通过绩效考评机制规范整个识别工作。对于已识别出的税收风险，实行集中管理和监督：一方面，为后续的应对工作提供方便，另一方面，也利于实现风险识别成果的再利用。

3. 专业化原则

税收风险涉及不同行业和领域、不同性质和损失程度，因此风险识别工作的专业性和综合性很强。在选择识别方法时，应当依据不同的风险特征，结合已有的数据资料研究适用于不同特征的风险识别算法和参数，分类建立风险分析监控模型，提高风险识别的专业化水平。

4. 人机结合原则

对税收风险的识别应当将定性与定量分析结合起来，将计算机技术与人脑结合起来，在严密的数学方法作为分析工具的基础上，发挥税务人员自身的知识和经验。具体而言，就是要在统一规范的前提下，充分发挥各单位及相关税务人员的主观能动性，在计算机处理的基础上，对于特殊情形融入人工的主观判断，在以风险模型识别的基础上，进一步加强税务人员的分析判断，特别是对大企业、关联企业等的分析，发挥税务人员的经验优势和专业特长，对税务信息和数据进行充分和全面的挖掘，提高税收风险识别的准确性和有效性。

（四）税收风险识别内容

1. 税收风险识别对象

税收风险识别的对象是税收风险。税收风险是指在税收管理过程中遭遇的损失和不确定性，表现为税收制度不健全带来的矛盾性、税收征管水平不高带来的损失性和纳税人纳税遵从不高带来的流失性，具体可分为制度性风险、管理性风险和经营性风险。

制度性风险是因税收法律不健全、不完备，税收政策不确定，税收管理机制不规范等带来的风险。例如第三方信息的提供在法律上没有规定性，税务机关在税收风险管理中因数据缺失，或信息传递不及时导致的税款流失。管理性风险是指因为税务管理职能交叉，或者是税务执法人员对税收政策理解、执行失范造成的税款流失，形成在税收风险管理中的管理风险。经营性风险是由企业自身组织机构庞大、分支机构众多、经营复杂、核算方式复杂、有意地进行税收筹划等原因造成的没有遵从税法，导致的法律制裁、财务损失和名誉损失等。

2. 税收风险识别层次

税收风险识别是一个综合体系，从风险识别的层次来看，包括宏观层面的风险识别和微观层面的风险识别。

（1）宏观层面的税收风险识别

宏观层面的税收风险识别是指从总体上描述每个风险领域纳税人的风险状况，主要是通过宏观经济趋势、相关法律制度、纳税人群体特征等角度，从整体层面上关注税收风险发生的主要区域、行业和事项等，为宏观税收风险管理政策提供依据。宏观层面的税收风险识别主要包括以下三个方面：

①宏观经济趋势分析

通过对宏观经济背景的分析来预测未来税收遵从水平的发展趋势。例如通过 GDP 变化与税收收入变化的相对关系，如果 GDP 增长速度快于税收收入增长速度，可能意味着存在税收收入的流失。

②相关法律制度分析

通过对税收相关的法律法规、制度文件等的分析，可以及时发现哪些政策制度增加税收收入流失的可能性，哪些征管办法在执行中存在问题等，有利于税务机关不断地完善规章制度，从政策层面降低税收风险。

③纳税人群体特征分析

从宏观层面，根据纳税人的群体特征对纳税人进行分类识别，是提高风险识别效率的重要手段。纳税人通常按照规模、行业、税种、风险类型等进行划分。每个群体的纳税人具有相似的风险特征，全面分析每个纳税群体的特征和风险领域，有利于高效、准确地识别特定群体纳税人的遵从风险。

（2）微观层面的税收风险识别

微观层面的税收风险识别是指针对纳税人的税收风险的进一步深入分析与识别，找出每个纳税人具体的风险环节和风险领域。具体而言，就是以税务部门收集到的来自自身及第三方的数据和信息为基础，利用统计分析、数据挖掘、经验判断等方法，构建风险指标及模型，识别出每一个纳税人具体的遵从风险环节和情形，并对其纳税遵从度做出判断。

二、税收风险识别主要方法

针对税收风险的两个层次，其识别方法主要思路包括两种：税收能力估算法和关键指标分析法。前者主要是从宏观角度出发，在一定的宏观经济背景和既定的税收制度下估算的理论税收收入与实际税收收入数据进行比较，分析某一区域、行业或税种是否存在税收风险；后者主要是从微观角度出发，通过对一些关键指标的纵横向比较，找出异常变动的指标并分析其潜在风险。同时，随着"大数据""互联网+"的兴起，以大数据挖掘为基础的综合分析方法进一步拓宽了税收风险识别的思路。

（一）税收能力评估法

如前所述，税收能力估算方法是通过比较一定经济量、经济结构和税收制度下的理论税收收入与实际税收收入间的差额找寻潜在风险的方法。这种方法主要关注的是国家、行业、地域、税种等宏观层面的潜在税收，具体而言，可以分为自上而下和自下而上两种途径。

1. 自上而下法

所谓自上而下，就是利用各项宏观经济指标，基于税收制度和政策，应用税收经济学、统计学和国民经济学等相关学科的原理、模型和方法，从国家到地区、再到行业和具体纳税人的层次，自上而下地估算税收能力和税收流失额度的方法。这种方法主要有两种思路；一种是寻找宏观数据中与税基比较接近的指标，再根据有关的税收法律和政策进行调整，从而估算出税收能力；常用的方法包括投入产出法、增加值法和可计算的一般均衡法（CGE）等，这些方法用到的宏观经济指标与税收的政策对应关系比较明确和紧密，主要应用于某个地区、行业或税种的税收能力估算；另一种是根据税收与经济的关系，构建税收经济模型，再利用宏观经济面板数据或实践序列数据估算税收收入能力；常用的方法包括随机边界模型法、数据包络模型法等，这几种方法主要应用于国家或地区总体税收能力的估算。

自上而下法依托于宏观经济数据信息，其优点是数据易于获得，采集和整理的成本较低，操作相对简便。该方法的主要缺点包括：一是难以界定是否包含了地下经济和非法经济活动；二是假设条件较多，无法准确体现税收政策，从而影响估算的准确度；三是提供的信息比较粗略。

2. 自下而上法

所谓自下而上法，与自上而下法相对应，是指利用微观纳税人的涉税数据和信息，包括税务机关掌握的纳税人申报信息、专项检查信息，以及政府及其他部门、企业等第三方获得的涉税信息等，运用统计学相关原理（如随机抽样等）估算纳税人潜在税收收入，进而推算出总体税收能力的方法。这种方法主要应用于税制较为复杂、税基对应的宏观经济数据不易获得的税种的估算。

自下而上法需要对纳税人样本进行随机抽样，抽样时可以不做任何类别的分类，也可以根据地区、行业、规模等类型分类后抽样，分类越细，提供的信息越多。此外，自下而上法还需要对样本数据进行相应的税务审计工作，因此，税收调查、纳税评估及税务稽查等信息十分重要。国际上很多国家运用自下而上法对个人所得税和企业所得税进行估算。

自下而上法的优点是随机抽样及审计工作使得估算的结果更加准确、可靠，同时相较于自上而下法能够提供更加详细的信息。其缺点是对样本的抽样可能不能完全遵循随机原则，抽样调查还可能出现无响应或低报等情况，账证不健全或灰色交易的存在也会影响估算的精确度。此外，相比较而言，自下而上法的数据采集、整理等工作量较大，成本较高。

自上而下法和自下而上法各有优劣势，因此，在实践中不能绝对地使用某种方法，而应当将两者互补结合使用。

（二）关键指标判别法

关键指标判别法是指通过对一些与税收相关的关键指标的异常变动来分析和识别税收风险的方法。税收关键指标是指那些能反映税收风险特征并对税收收入影响重大的税收指标。

税收关键指标判别法既可以用于对行业、地域等宏观税收风险的识别，也可以用于进行微观层面的纳税人风险识别，应用相对比较灵活。在应用时，必须保证指标在计算口径、计量单位、计算方法等方面的一致性和可比性。通常而言，税收指标的异常可以通过比较分析法、控制计算法、相关分析法等发现。

1. 比较分析法

所谓比较分析法，是指通过实际数与基数之间的差异比较来分析经济活动的一种方法。在税收领域就是指将企业财务指标、纳税申报资料、第三方数据等涉税信息中提炼出的关键指标在相关的时间段、行业、地区、相关纳税人等之间进行动态或静态的对比分析，从中发现疑点并识别风险。根据形式的不同，通常分为绝对数比较分析法和相对数比较分析法。

（1）绝对数比较分析法

绝对数比较分析法是指将相互关联的涉税指标的绝对值直接进行对比来揭示和发现它们之间的差异，并根据这些差异判断问题的性质和程度。例如对企业不同时期的销售收入进行对比，对不同企业或同一企业不同时期的纳税金额进行对比等。通过这种对比，可以反映相关事项的增减变动是否正常，从而发现潜在的问题和风险。

（2）相对数比较分析法

相对数比较分析法是指对涉税数据中内容不同但相互关联的税收指标进行对比计算，根据对比基础的不同，又可以分为比率相对数比较、构成比率相对数比较。前者是通过计算有关项目的百分比、比率或比值结构等进行比较来揭示其中的差异，如应收账款周转率、存货结构、税负率等都属于比率相对数比较；后者是通过计算某项经济指标的各个组成部分占比来分析其构成比率的变化，并从中发现异常升降，如对企业外购货物构成比率是否与销售货物和期末存货的构成比率具有同一性的计算，可以发现企业是否存在虚假进货或隐瞒销售收入的情况。

在税收风险识别中，由于经济环境日益复杂，纳税人在不同纳税年度间的变化可能比较大，所以运用相对数往往比绝对数更为准确，也更易于发现问题。因此，在运用绝对数比较分析相关事项后，可以运用相对数比较分析加以验证，以确保分析判断的准确性。

一般而言，在运用比较分析法判断关键指标时，应当注意两个问题：其一，在比较分析前，应对用于对比分析的项目所涉及内容的正确性予以确认；其二，用于分析比较的指标必须具有可比性，且对比的指标口径应当保持一致。

2.控制计算法

控制计算法又称平衡分析法，是指通过税收指标之间存在的平衡关系式来推测、验证相关信息的真实性，从而发现问题的一种风险识别的方法。在经济领域的应用主要有以产控销、以耗控产、以支控销等。具体而言，控制计算法的流程包括以下四个方面：

（1）确定分析对象

即根据税收风险管理的工作计划和目标，确定需要进行分析识别的事项。

（2）采集该事项所需的相关数据和信息

根据确定的分析对象的特征，拟定相应的参数、指标等，并采集所需的数据信息，可以是纳税人自身的财务数据，也可以是整个行业的宏观值等。

（3）建立数学模型

数学模型是控制计算法的基本条件，对同一事项的分析比较可以构建多种数学模型。

（4）结果比较与分析

即比较根据数学模型计算出的数据与实际数据间的差异，核实和发现纳税人在经济活动中的不平衡状况，帮助分析人员进一步发现涉税问题。

在运用控制计算法进行风险识别时，需要注意以下两个方面的问题：

其一，进行分析的对象必须是可以建立数学模型的，即必须能够确定分析事项之间存在内在的依存关系。

其二，所选用或建立的数学模型必须具有充分的科学性，计算过程必须进行认真演算和复核，确保准确。

3.相关分析法

相关分析法是指将存在关联关系的事项进行对比分析。纳税人的每一项经济活动的发生，必然会引起一连串相关活动的变动，这是由经济活动的相关性决定的，反映了经济活动的内在规律性。具体而言，在税收领域，相关分析法应包括以下三个方面的内容：

（1）经济活动是否涉税的判断

并非企业所有的经济活动都涉及税收，有些与税收活动直接相关，有些与税收活动间接相关，还有一些是无关的；有些经济活动在发生时就涉及税收，而有些在发生后的一段时期内涉及税收。因此，在运用相关关系法识别税收风险时，首先应当确认该项经济活动与税收活动的关系。

（2）找出经济活动事项间的关联关系

判断经济活动涉及的关联关系，主要考虑经济活动中哪些事项是相关联的、在哪些方面相关联、属于何种性质的关联，以及关联的程度如何等。重点关注的是那些与税收活动直接相关的关联事项，同时也不能忽视间接相关的关联事项。任何一项经济业务，如果客观上与税收相关联，而在会计处理上并没有反映税收关系，即经济活动事项间的关联不存在，则很有可能存在税收风险，因此，找出经济活动的各个事项之间与税收活动的关联是关键。

（3）从相关事项的异常中把握问题的本质

对经济活动的各事项分析的结果，只是提供了一个抽象的判断，是否确实存在税收风险问题，需要从异常现象中把握本质。并非所有的异常现象都会构成税收风险，需要进一步验证。

4. 指标逻辑关系推断法

指标逻辑关系推断法是指利用有关涉税数据和信息间内在的逻辑关系来推断指标体系中某一特定指标的真伪性和合理性。例如在企业财务报表中，各项收入和支出之间按照会计准则应当具备一定的逻辑关系，如果某一项指标违背了准则要求，就会破坏本应存在的逻辑关系。指标逻辑关系推断法就是利用数据间的这种逻辑关系发现问题、识别风险。运用这种方法要求从事风险识别的工作人员既具备良好的数据加工技术，又要求他们具有深厚的会计制度和税收制度的知识背景。常用的逻辑关系推断法包括以下四种：

（1）配比比率分析法

配比比率分析法：运用数理统计学的知识对大样本数据进行挖掘，对企业财务上存在内在配比关系的若干指标进行相关性分析比对，判断其合理性。

（2）跨期数据稽核法

跨期数据稽核法：运用会计核算的基本原理和分析方法对企业不同时期的数据资料进行核查，判断变动的合理性。企业的财务指标代表了某个时点或某段时期的资产构成状况和经营情况，因此各项指标间存在跨期的衔接性。

（3）杜邦分析法

杜邦分析法：利用几个财务指标间的相互关系来综合反映企业财务状况的

方法。

（4）因素分析法

因素分析法：从数据样本中概括和提取出几个相关联的因素，用相关因素的变化来反映和解释结果的变化原因，揭示出分析对象中因变量和自变量的联系。

（三）大数据挖掘分析法

采用先进的大数据分析方法对海量涉税数据进行深度分析和挖掘，揭示数据当中隐藏的历史规律和未来的发展趋势，为税收风险识别分析提供参考。大数据分析主要依赖支持向量机、神经网络等面向复杂数据的机器学习方法及大规模计算。

近年来，随着机器学习热点的形成，机器学习是一个广义的名词（Broad Term），而在狭义的定义上，机器学习则可以分为有监督学习和无监督学习。监督式学习算法包括一个目标变量（因变量）和用来预测目标变量的预测变量（自变量）。通过这些变量可以搭建一个模型，从而对于一个已知的预测变量值，得到对应的目标变量值。重复训练这个模型，直到它能在训练数据集上达到预定的准确度。属于监督式学习的算法有回归模型、决策树、随机森林、K 邻近算法、逻辑回归等。与监督式学习不同的是，无监督学习中我们没有需要预测或估计的目标变量。无监督式学习是用来对总体对象进行分类的。它在根据某一指标对客户进行分类上有着广泛应用。属于无监督式学习的算法有关联规则，K-means 聚类算法等。传统的计量经济学模型是指定某个模型后，通过其他备选模型来检验其鲁棒性。与计量经济学方法相比较，许多机器学习方法，是交叉检验来选择模型的，即机器学习反复在部分数据上估计模型，然后在另一部分数据上检验模型，并通过复杂性惩罚项来找到最合适的模型。这种特点被概括为所谓的施加约束性（Regularization）和系统性的模型选择（Systematic Model Selection），在更长序列、更宽变量、更多粒度选择的大数据经济分析环境下，或许将会变成经济学实证分析的标配。

1. 决策树

决策树（Decision Tree）是在已知各种情况发生概率的基础上，通过构成决策树来求取净现值的期望值大于等于零的概率，评价项目风险，判断其可行性的决策分析方法，是直观运用概率分析的一种图解法。由于这种决策分支画成图形很像一棵树的枝干，故称决策树。在机器学习中，决策树是一个预测模型，代表的是对象属性与对象值之间的一种映射关系。Entropy= 系统的凌乱程度，使用算法 ID3、C4.5 和 C5.0 生成树算法使用熵。这个算法可以把一个总体分为两个或多个群组。分组根据能够区分总体的最重要的特征变量 / 自变量进行。决策树易于理解和实现，在学习过程中不需要使用者了解很多的背景知识，能够直接体现数据的特点，只要通过解释后都有能力去理解决策树所表达的意义。

2. 随机森林法

随机森林法（Random Forest）是用随机的方式建立一个森林，森林里面有很多的决策树，随机森林的每一棵决策树之间是没有关联的。在得到森林之后，当有一个新的输入样本进入的时候，就让森林中的每一棵决策树分别进行判断，看看这个样本应该属于哪一类（对于分类算法），然后看看哪一类被选择最多，就预测这个样本为哪一类。

建立每一棵决策树的过程中，需要注意采样与完全分裂。首先是两个随机采样的过程，random forest 对输入的数据要进行行、列的采样。对于行采样，采用有放回的方式，也就是在采样得到的样本集合中，可能有重复的样本。假设输入样本为 N 个，那么采样的样本也为 N 个。这样使得在训练的时候，每一棵树的输入样本都不是全部的样本，使得相对不容易出现过拟合（Over-Fitting）。然后进行列采样，从 M 个 feature 中，选择 m 个（$m \leq M$）。尔后就是对采样之后的数据使用完全分裂的方式建立出决策树，这样决策树的某一个叶子节点要么是无法继续分裂的，要么里面的所有样本都是指向同一个分类。每一棵决策树就是一个精通于某一个窄领域的专家（因为我们从 M 个 Feature 中选择 m 个让每一棵决策树进行学习），这样在随机森林中就有了很多个精通不同领域的专家，对一个新的问题（新的输入数据），可以用不同的角度去看待它，最终由各位专家投票得到结果。

3. 支持向量机法

支持向量机法（SVM）是一个分类算法。这个算法将每一个数据作为一个点在一个 n 维空间上作图（n 是特征数），每一个特征值就代表对应坐标值的大小。比如说有两个特征：一个企业的总资产和总收入，我们可以将这两个变量在一个二维空间上作图，图上的每个点都有两个坐标值（这些坐标轴也叫作支持向量）。在图中找到一条直线能最大限度地将不同组的点分开。两组数据中距离这条线最近的点到这条线的距离都应该是最远的。这样根据数据点分布在这条线的哪一边，就可以将数据归类。

SVM 的关键在于核函数。低维空间向量集通常难以划分，解决的方法是将它们映射到高维空间。但这个办法带来的困难就是计算复杂度的增加，而核函数正好巧妙地解决了这个问题。也就是说，只要选用适当的核函数，就可以得到高维空间的分类函数。在 SVM 理论中，采用不同的核函数将导致不同的 SVM 算法。

4.K- 均值算法

K- 均值算法（K-means）是一种解决聚类问题的非监督式学习算法。这个方法简单地利用了一定数量的集群（假设 K 个集群）对给定数据进行分类。同一集群内的数据点是同类的，不同集群的数据点不同类。K 均值算法划分集群包括以下四个步骤：

（1）从每个集群中选取 K 个数据点作为质心（Centroids）。

（2）将每一个数据点与距离自己最近的质心划分在同一集群，即生成 K 个新集群。

（3）找出新集群的质心，这样就有了新的质心。

（4）重复（2）和（3），直到结果收敛，即不再有新的质心出现。

如果在每个集群中计算集群中所有点到质心的距离平方和，再将不同集群的距离平方和相加，就得到这个集群方案的总平方和。随着集群数量的增加，总平方和会减少。但是如果用总平方和对 K 值作图，在某个 K 值之前总平方和急速减少，但在这个 K 值之后减少的幅度大大降低，这个值就是最佳的集群数。

（四）其他分析方法

1. 故障树分析法

故障树分析法（FTA）是由美国贝尔公司提出的，这种方法被广泛应用于各种复杂大系统的风险辨识。具体而言，就是根据一定的逻辑关系，利用自上而下逐级建树的形式，将大的故障分解成各种小的故障，并对各种引起故障的原因进行分析，因而被称为故障树。其实质就是借用故障树对引起风险的各种因素进行分层次的辨识。故障树经常用于直接经验较少的风险辨识，其优点是全面分析所有故障原因，包括人为因素，因而包括了系统内、外所有失效机理，比较形象化，直观性较强。不足之处是用于大系统风险分析时，容易产生遗漏。

在税收领域，故障树法可以将相关税收活动面临的潜在风险层层分解成若干细化指标，再进行深入分析，最终找到风险点及风险产生的原因。

2. 案例分析法

案例分析法是选择具有典型代表意义的税收风险识别应对的案例，进行深度剖析，分析案例中所反映出的风险发生的环节、产生机制及应对方法等，从中提炼出经营活动的性质、核算方式、财务数据等方面的税收风险特征的共性，从而形成相关行业的通用的税收风险识别方法。

案例分析法通常选用的案例来自税务稽查，具有较强的实用性和可操作性，对案例所在的行业类别及相关纳税人税收活动的各个环节风险的识别有较强的针对性。

3. 德尔菲法

德尔菲法又称专家调查法，是依靠专家的知识和经验，采用背对背的方式征询专家小组成员的意见，最后做出符合未来发展趋势的预测结论。在实践中，税务机关可以针对需要调查的风险事项或环节聘请若干税务专家。这些专家来自不同领域，包括税务系统内外，他们构成专家小组，由税收风险管理人员向专家小组提出问题，专家们根据有关涉税资料提出自己的意见，最后由税收风险管理人员汇集整理专家们的意见并反馈，最终获得趋于一致的结果，得出相应的结论。

对于税收活动中存在的较为复杂、影响较大同时一般的分析方法又无法识别的重大税收风险，德尔菲法是一种十分有效的识别方法。

第三节　税收风险的应对方法与流程

一、税收风险应对的概念

税收风险应对是税收风险应对机构接收税收风险应对管理机构发送的税收风险应对任务后，根据纳税人税收风险点、风险等级、税收风险形成的具体原因，按照一定的规则和差别化应对的原则，分别采取相应的策略和措施，防范、控制和化解税收风险的过程。

在税收风险应对过程中，通过科学的分析识别，确定不同风险等级的纳税人，进行差别化、递进式管理，对低风险纳税人采取优化纳税服务和纳税辅导、风险提醒等服务方式；对中等偏高风险等级的纳税人实施案头审核分析和税务约谈等方式；对高风险纳税人采取税务检查或立案稽查等方式进行风险应对。即随着纳税遵从度的降低、税收流失风险的加大、税收风险等级的提高，风险应对控制逐渐由辅导性服务到行政处罚，由柔性管理到监控管理，最后到刚性执法，执法的力度和刚性逐渐加大。一方面，对无风险、遵从度高的纳税人应当给予鼓励和遵从激励，积极提供优质、便捷、有针对性、个性化的纳税服务；对遵从度较低的纳税人，应当予以适度容忍，并加强纳税辅导，给予及时提醒，提供纳税人自我遵从的机会。另一方面，应集中征管力量抓主要矛盾，加大对恶意不遵从的税收违法违章行为的打击和震慑力度，有效地控制高纳税人的税收风险，提高税收风险管理的针对性和有效性，实现真正意义上的管理和服务有机结合，推动纳税遵从度和纳税人满意度的提高，防范和控制税收流失风险。这样，按照风险等级从低到高，在具体的应对措施上，体现调查项目由少到多、进户频率由低到高、事项审核由宽到严等方面的变化，以提高税收征管的针对性和各类资源流动的有效性。

二、税收风险应对的意义

税收风险管理一个重要的实践价值在于促进税务机关最有效地使用有限的管理资源。虽然税务机关都拥有政府拨付一定的管理资源，但是，要保证每一个纳税人在纳税义务发生时都能全面履行纳税义务，这些资源又总是不足的。特别是国际贸易的增长、电子商务的发展、就业模式的变化、合同数量的增长、经营结构和金融产品的创新等因素大大增加了税收遵从风险，也增加了税务机关纳税服务、税收检查及其他遵从干预的复杂性和工作量，全球各国的税务机关都有着增长税收风险管理资源的迫切需求。税收风险管理的一个重要功能，就是帮助税务机关找到管理资源配置策略和遵从目标最大化之间的最佳结合点。

三、税收风险应对的职能划分

根据不同的税收风险特征和不同的税收风险等级，应采取不同的应对方案、策略和方法，如对较低税收风险等级的纳税人，采取优化服务的应对策略和措施方法，对一般性的税收风险等级纳税人采取柔性管理、加强监控的应对策略和措施方法，而对较高风险或高风险等级的纳税人则采取刚性执法、打击震慑的应对策略和措施方法。

风险应对工作按照高等风险、中等风险与低等风险差别化应对的原则进行。根据风险级别和效率优先原则，对不同税收风险级别的纳税人应按照"一般税收风险一般管理，较高税收风险重点管理"的原则，税收风险管理中所耗用的税务资源和对纳税人的介入程度应有所区别。税收风险应对职能的划分各地大同小异，一般由纳税服务部门或基础管理部门负责低等风险的应对，风险应对部门负责中等风险的应对和部分低等风险的应对，税务稽查部门负责涉嫌偷逃骗抗税等高等风险的应对。机关各有关部门按照深化征管改革的职能定位通过提供政策支持和服务保障等参与风险应对。

四、税收风险应对的方法

风险应对的方法主要为风险提示、纳税辅导、案头审核、询问约谈、实地核查、税务稽查等，不同等级的风险适用不同的应对方法。风险应对工作按照高等风险与中、低等风险和中等风险与低等风险一并应对的原则进行。

（一）低等风险的应对方法

低等风险主要采取风险提示和纳税辅导的方法实施应对，一般不采用单独约谈、下户核查等管理措施。

风险提示是指税务机关通过实体办税服务厅、网上办税服务平台、短信平台、纳税人学校、邮寄挂号信函等途径向纳税人制式化发送税收风险提醒，指引其自行采取措施消除涉税风险的一种风险应对手段。纳税辅导是对有共性问题的纳税人通过纳税人学校或者集中约谈等定向集中的方式进行有针对性的辅导，帮助其防范和自行消除涉税风险的一种风险应对手段。

纳税服务和基础管理部门根据风险应对任务具体情况组织应对。对提醒后纳税人未按规定采取措施消除有关登记、申报等涉税风险的，通过风险管理系统分别推送给税源管理机构或风险监控机构进行处理。纳税服务和基础管理部门按季制作风险应对报告，针对风险应对过程中纳税人反馈的情况提出改进意见，反馈给风险监控机构。

（二）中等风险的应对方法

中等风险的应对方法包括案头审核、询问约谈和实地核查。

1.案头审核

案头审核是指税源管理机构在风险监控机构推送的风险应对任务基础上，根据纳税人的相关资料和情况，开展深入、个性化的风险分析审核，为询问约谈提供支持。案头审核应在税务机关办公场所进行。

案头审核工作主要包括以下内容：

（1）在推送列明的税收风险点的基础上，根据已掌握的涉税信息，结合审核对象的行业特点、经营方式，深入研究各税种的关联关系。

（2）进一步确定税收风险点的具体指向，判断申报纳税中存在的问题。

（3）确定需要向纳税人进一步核实的问题及需要其提供的涉税证据材料。

（4）依法合理估算纳税人应纳税额。

2.询问约谈

询问约谈是应对人员行使税务询问权，对经案头审核需要向纳税人核实的问题，采取电话、网络、信函等方式约请纳税人当面核实税收风险点的过程。

询问约谈的对象可由应对人员根据实际情况确定，主要是企业财务会计人员、法定代表人（负责人）及其他相关人员。

经案头审核和询问约谈，确认纳税人存在涉税问题的，应向其发出《税收自查通知书》，通知其在规定时间内自查自纠，并提交制式化的自查报告和与税收风险点有关的证明资料。证明资料应由提供人签字确认并加盖单位公章。

对纳税人提交的自查报告应组织审议，对纳税人自查发现的涉税问题应给予行政处罚的，按有关规定处理。

对实施自查的纳税人，税务机关应告知其如不及时、如实自查自纠可能承担的法律责任。

经案头审核和询问约谈，确认纳税人不存在不缴或少缴税款问题、税收风险点已被排除的，应对人员制作《税收风险应对报告》，经审议后，风险应对终止。

有下列情形之一的，经集体审议和税源管理机构负责人批准后转入实地核查：

（1）税收风险点情况复杂，通过纳税人自查不能消除税收风险点的；

（2）纳税人无正当理由拖延、规避或拒绝询问约谈，未按税务机关要求进行自查并提交书面说明及证明资料的；

（3）纳税人自查补税未能在税务机关限期内补缴税款且无正当理由的。

（4）通过约谈发现纳税人涉嫌其他重大涉税问题的；

3. 实地核查

实地核查是指应对人员运用税务检查权，到纳税人的生产经营场所，对纳税人的税收风险点和举证资料及其他需要通过实地核查的事项进行核实处理的过程。对确定实行实地核查的，不得再交由纳税人自查。

实地核查时，应全面核实纳税人基础信息的真实性和准确性，并以推送的税收风险点为应对重点，对风险所属期可能存在的其他涉税问题各税种综合联评、全面应对。发现溯及以往年度的风险，一并依法应对。

经实地核查，未发现纳税人有不缴或少缴税款的，应对人员制作《税收风险应对报告》，经审议后，向纳税人送达《税务事项通知书》，载明根据已掌握的涉税信息暂未发现少缴税款行为等内容。

经实地核查，发现纳税人存在少缴税款的，应对人员应按照相关要求进行调查取证，并对事实、证据、程序、处理等方面进行全面审核后，制作《税收风险应对报告》。经审议后，制作《税务处理决定书》，载明应补缴税款及滞纳金，送达纳税人，责令其限期缴纳。

经实地核查，需要核定应纳税额的，应对人员制作《税收风险应对报告》，经审议后，向纳税人送达《应纳税额核定通知书》。

在实地核查过程中，发现纳税人涉嫌偷、逃、骗、抗税的（其中涉嫌偷税达到或超过 50 万元），风险应对机构应中止应对程序，移送稽查部门立案查处。

中等风险应对过程中，如因检举、交办、转办等原因由稽查部门立案检查的，风险应对机构应中止应对程序，移送稽查部门立案查处。

（三）高等风险的应对方法

高等风险应对方法为税务稽查。

高等风险应对时，应对人员对案件实施各税统查，发现的涉税违法行为涉及以往年度的，应追溯检查。检查过程中，应当收集与税收风险点有关的证据资料，并在检查底稿中反映与税收风险点有关的情况。

高等风险应对时，检查、审理、执行的时间和规范按照《税务稽查工作规程》的相关规定执行。

五、税收风险应对任务的退回和延期

（一）风险应对任务的退回

风险应对机构在风险应对过程中，发现应对对象被认定为非正常户或依法注销的、不属于本机构应对范围或者因特殊情况无法进行应对的，可按规定流程发起风险应对任务退回申请。

风险应对任务的退回一般仅限于案头审核环节实施。风险应对岗人员须说明理由并书面填写《风险应对退回审批表》，向风险监控机构申请退回接收的风险应对任务。风险监控机构接到申请后，应在规定时限内提出处理意见，报经批准后将风险应对任务回退。

（二）风险应对任务的延期

风险应对人员在接受风险应对任务后，应在规定的时限内完成风险应对任务。遇到机构调整、人员变动、案情复杂等特殊情况确须延期的，可按规定流程发起风险应对任务延期申请。

风险应对人员在应对任务各环节发起应对任务延期申请时应先填写《风险应对延期申请审批表》，有多户需要申请延期审批的，须填写《风险应对延期申请审批汇总表》，并附《风险应对延期申请审批表》，经风险应对机构负责人审批同意后，将风险应对任务延期审批情况报风险监控机构备案。

六、税收风险应对的流程

（一）低等风险应对流程

低等风险应对流程一般由风险归集、风险提示、纳税人自我修正、后续监管四个环节组成。

1.风险归集

税收风险识别部门将指标加工产生的风险情形简单、风险指向明确、对税收秩序影响小、主观故意程度低、识别疑点税款可测的各类适合低等风险应对的税收风险点按户（人）归集，形成待推送应对任务。

2. 风险提示

税务机关依托网上办税服务厅或移动办税平台等渠道向纳税人推送税收风险提示。告知存在的涉税风险，明确提示税收风险自行应对的截止日期。

通过网上办税服务厅推送风险提示的，适用《税务事项通知书（风险提示专用）》；通过移动办税平台推送风险提示的，适用《税收风险提示函》。

采用《税务事项通知书（风险提示专用）》进行风险提示的，在告知内容中，可对纳税人提出具体的修正要求，以及不按规定自我修正的后续处理措施和需要承担的法律责任。

3. 纳税人自我修正

纳税人根据风险提示，对照税收法律法规和自查指引，自我核查并根据情况修正风险。其中，需要更正申报的，在提示截止日期前，打印并携带风险提示信息，到办税服务厅进行更正申报。

4. 后续监管

风险提示到期后，税务机关利用信息系统对风险提示信息与纳税人修正情况进行比对，分析税收风险消除程度；采用《税务事项通知书（风险提示专用）》方式进行风险提示的，可进行人机结合的后续分析并跟踪管理。

纳税人自我修正情况与风险识别结果符合度较高或者更正申报税款高于预估税款的，可基本确认税收风险点消除；对纳税人未修正处理的相关风险点，或者更正申报税款明显低于预估税款的，其分析比对差异在中、高等风险应对时一并核查。

（二）中等风险应对流程

中等风险应对流程一般由任务分配、案头审核、询问约谈、实地核查、结果反馈五个环节组成，根据案情不同涉及其中一个或几个环节。

1. 案头审核操作流程

（1）任务分配

风险应对部门综合管理岗根据本机构实际情况确定中等风险应对任务的案

头审核风险应对人员（中等风险应对岗），直接分配到应对人员（一级分配）或先分配到应对机构，再分配到应对人员（二级分配）。案头审核任务分配可单独分配，也可以批量分配。

（2）制作风险应对报告

风险应对岗接收到应对任务后，应根据风险监控机构推送的风险疑点信息、一并处理事项及所掌握的其他涉税信息，对纳税人的纳税义务履行情况进行审核，初步判断纳税人是否存在涉税问题，并根据问题的复杂、严重程度，制作《税收风险应对报告》，提出分类处理意见：

①初审无问题：根据案头审核分析判断纳税人基本没有涉税问题的，建议交约谈核实纳税人登记信息变更情况后应对结束。

②涉嫌一定涉税问题：根据案头审核分析，判断纳税人可能存在一般（轻微）涉税问题的，建议交约谈通知纳税人自查。

③涉嫌较复杂涉税问题：根据案头审核分析判断纳税人可能存在严重涉税问题的，建议交约谈转实地核查。

（3）集体审议

①审议人员集体对《税收风险应对报告》进行审核，做出集体审议意见。

②初核无问题，交约谈核实信息结束应对。

③涉嫌一定涉税问题，交约谈通知自查。

④涉嫌较复杂涉税问题，交约谈转实地核查。

（4）确定约谈（实地核查）计划

审核认定岗（会审牵头人）根据会审结果，确定约谈对象、约谈方式、约谈人员等。

对确定涉嫌较复杂涉税问题交约谈转实地核查的，同时确定实地核查人员、时间和核查所属期。

需要延期的，制作《延期审批表》，报审核认定岗（中等风险应对机构负责人）批准。

（5）结果反馈

应对结束后，应对机构将风险任务的处理结果通过反馈流程向推送部门进行反馈。

2. 询问约谈操作流程

（1）通知约谈

中等风险应对岗（询问约谈人员）根据案头审核分析结果确定约谈对象、约谈时间和地点，制发《约谈通知书》。

（2）实施约谈

中等风险应对岗（询问约谈人员）根据案头审核的会审意见实施询问约谈，制作《税收风险应对报告》和《约谈笔录》，《约谈笔录》交被约谈人签章确认。

①会审意见为"基本无涉税问题"的，中等风险应对岗（询问约谈人员）应开展纳税人登记信息变更情况核实工作，编制《纳税人登记信息变更确认表》交纳税人核对并签章确认，流程终止。

②会审意见为"涉嫌一定涉税问题"的，中等风险应对岗（询问约谈人员）告知相关涉税问题和一并核实事项，开展有针对性的税收政策辅导，制发《税收自查通知书》和《税收自查通用申报表》交纳税人签收，要求纳税人在一定期限内对纳税义务履行情况进行全面自查。

③会审意见为"涉嫌较复杂涉税问题"的，中等风险应对岗（询问约谈人员）告知相关涉税问题和一并核实事项，开展有针对性的税收政策辅导，制发《税务检查通知书》交纳税人签收。

实施约谈时，有关风险识别的各类指标、参数和办法不得泄露给纳税人。

（3）自查审核

中等风险应对岗（自查审核人员）接收自查审核任务后，应结合风险监控机构推送的信息、待核实涉税问题、一并核实事项及纳税人自查补报税款等情况，对纳税人自查报告的完整性和合理性进行审核，视不同情况制作《税收风险应对报告》，提交审议。

①基本符合：纳税人在规定期限内已全面自查，相关涉税问题和一并核实事项均已证实，已自查补缴税款并在合理区间（若有自查补税），纳税人基础信息核实已完成，初步确定基本符合。

②基本不符合：纳税人规定期限内未自查，或虽已自查，但自查不完整或不合理的，初步确定基本不符合。

自查审核过程中，中等风险应对岗（自查审核人员）可以约请纳税人对自查情况当面核实，要求补充说明或补充提交相关证据材料。

（4）开展审议

审议人员对《税收风险应对报告》、纳税人提交的自查报告、相关证明材料等进行审议，填写审议意见。

审议通过的，结束应对或转实地核查；审议未通过的，流程退回上一环节重新处理。

需要延期的，制作《延期审批表》，报审核认定岗（应对部门负责人）批准。

3.实地核查操作流程

（1）制发《税务检查通知书》

实地核查前，中等风险应对岗应制作并向被核查对象送达《税务检查通知书》，出示税务检查证。案头审核会审确定为"涉嫌较复杂涉税问题"意见的，由中等风险应对岗（询问约谈人员）制发《税务检查通知书》；由询问约谈环节转实地核查的，中等风险应对岗（实地核查人员）制发。

（2）实施实地核查

实地核查时，中等风险应对岗应全面核实纳税人基础信息的真实性和准确性，并以推送的税收风险点为应对重点，对风险所属期可能存在的其他涉税问题各税种综合联评、全面应对。发现溯及以往年度的风险，一并依法应对。

实地核查时，中等风险应对岗应制作《实地核查工作底稿》，记录核查事实，同时，要求纳税人提供与税收风险点有关和基础信息变更必需的证明资料，签字并加盖单位公章确认。

风险应对过程中发现纳税人存在的涉税问题，应当进行取证，取证应符合相关行政执法证据采集规范的要求，以能够佐证相关风险疑点为限。

需要延期的，中等风险应对岗制作《延期审批表》，报审核认定岗（应对机构负责人）批准。

（3）制作《税收风险应对报告》

中等风险应对岗（实地核查人员）根据核查情况，制作《税收风险应对报告》，提出拟处理意见，提交集体审议。

①未发现纳税人有不缴或少缴税款的，确定为"正常符合"结论。

②纳税人有不缴或少缴税款，但未发现偷、逃、骗税的，确定为"补缴税款"结论，制作《查补税款计算表》。

③纳税人有不缴或少缴税款且发现有偷、逃、骗税情形的，确定为"补缴税款、

涉嫌偷税"结论，制作《查补税款计算表》。

④需要核定应纳税额的，确定为"核定税额、补缴税款"结论，制作《核定税款计算表》。

（4）实地核查结果的审理

中等风险应对岗（实地核查人员）根据上述要求制作的《税收风险应对报告》《查补（退）税款计算表》《核定征收税款明细表》及有关资料一并提交审理。

实地核查结果审理小组成员一般由分局负责人、综合管理科、实地核查科负责人组成。会议审理应按照一案一议的要求，由审理岗人员汇报案情及拟处理意见后，小组成员对违法事实认定、证据采集、违法行为处理等方面进行全面的审核、讨论后做出审理结论。

审理内容主要包括以下五点：

①税收风险点是否消除、证据是否充分、数据是否准确、资料是否齐全。

②适用法律、法规、规章及其他规范性文件是否适当、定性是否准确。

③是否符合法定程序。

④应对结论或自查报告是否科学合理、是否与现行掌握的涉税信息资料、估算税额接近或相符。

⑤是否按规定核实纳税人基础信息，基础信息变化的，相应涉税问题有无一并处理。

对于拟处理决定补税金额较大，或者存在争议、政策执行难以把握的，经分局审理小组审核后，按规定程序和要求提请县市局重大案件审理委员会进行审理。

（5）文书制作及送达

①集体审议确定为同意"正常符合"结论的，中等风险应对岗（实地核查人员）制作《税务事项通知书》，载明根据已掌握的涉税信息暂未发现少缴税款行为等内容，送达纳税人。

②集体审议确定为同意"补缴税款"结论的，中等风险应对岗（实地核查人员）制作《税务处理决定书》，送达纳税人。

③集体审议确定为同意"补缴税款、涉嫌偷税"结论的，中等风险应对岗（实地核查人员）制作《税务处理决定书》《行政处罚事项告知书》，并按规定制作《行政处罚决定书》，送达纳税人。

④集体审议确定为同意"核定税额、补缴税款"结论的，中等风险应对岗（实地核查人员）制作《应纳税额核定通知书》《税务事项通知书（限期缴纳）》，送达纳税人。

实地核查工作结束后，中等风险应对岗（实地核查人员）按规定要求做好有关变更信息的维护工作。

（6）移交稽查提请

①发生移送稽查情形的，中等风险应对岗制作《税收风险应对报告》和《移交稽查案件审批表》，提交风险应对机构审议、审核。

②审核通过的，将相关资料、证据等一并移交给风险监控机构风险推送科，风险监控机构研究提出处理意见，经风险管理工作领导小组审核同意或局主要负责人批准后，推送税务稽查机构处理，同时将相关资料移交稽查部门。

③风险应对人员中等风险应对岗发起《移交稽查案件审批表》流程提交风险监控机构风险推送岗审批二次认定。风险应对任务转入稽查部门。

（三）高等风险应对流程

高等风险应对方法即为税务稽查，具体操作流程参见《全国税务稽查规范》。

第五章　信息化时代下财务管理的变革与发展

第一节　财务管理信息化发展的基本概况

一、财务管理信息化的概念

现代信息技术的不断发展推动了不同行业、职业的信息化发展，财务管理信息化也是现代信息技术发展的成果。财务管理信息化不同于以往财务管理中的计算机应用，也不是简单地通过计算机进行财务管理的辅助决策，而是一套完整的财务管理信息化概念的运用及应用架构建立的过程。

财务管理信息化是在企业管理环境及信息技术基础上，对企业业务流程和财务管理方式进行整合与改进，形成科学、高效的信息化财务决策和控制过程，以实现企业价值最大化为最终目标。

二、财务管理信息化的特点

相比于其他信息化过程，财务管理信息化具有以下三个特征：

（一）弹性边界

财务管理工作存在于企业经营管理活动的各个环节，财务决策和控制贯穿于企业基本业务流程的始终，财务管理信息化也必然要渗透在企业管理活动的各个环节中。财务管理信息化随着企业信息化推进扩展到整个企业甚至是产业链中，其边界将变得模糊化，特别是新兴信息技术逐步应用到财务管理信息化中，使财务管理活动与企业其他管理活动逐渐融合，成为一个不断优化整合的过程。

（二）自适应性

决策是财务管理的核心内容。财务决策的环境不是一成不变的，而是充满未知和变化的，参与决策的各种信息和数据的来源极其广泛，这也使得财务决策无法通过统一的流程与模式实现。可以说，财务管理信息化成功与否的关键就在于是否能实现满足客户需求的财务决策。一个理想的财务管理信息化系统并不是一个僵化、简单的操作系统，而是一个能够提供决策和管理的信息化平台。要真正实现财务管理信息化，必须能够结合企业管理环境及管理水平给用户构建一个实现系统自适应性的信息化平台。

（三）决策与控制的集成

财务管理信息化是集信息处理与企业控制的过程，并不是传统的用于数据采集、加工、输出等开环控制过程的信息系统，这也是财务管理信息化与传统的信息系统的本质区别之一，其变化过程见图5-1。

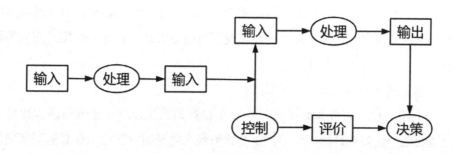

图 5-1　决策与控制的集成过程

从图 5-1 中可以看出，财务管理信息化不同于其他信息系统，它是一个闭环的控制过程，并非单纯地提供参与决策的各种信息，而是将决策结果尽可能转化为控制过程，并确保控制的有效实施。

三、财务管理信息化的作用

在符合企业整体战略的前提下，财务信息化能够提高企业财务决策水平，从而提高企业的抗风险能力。财务管理信息化能够扩大企业财务控制范围，减少控制层级，强化控制过程。财务管理信息化能够提高企业的应变能力，将企业的宏观战略具体化为管理策略并进行有效的实施，提高财务管理的效率，进而提高企业风险控制能力和风险防范能力，实现企业价值的增长。

四、信息化对财务管理的影响

信息化背景下，财务管理的工作环境与职能的发挥产生了巨大的变化。知识经济时代已经到来，企业财务管理模式、财务管理的内容、管理范围及管理方法都应做出相应的调整。同时，现代信息技术丰富了财务管理的手段，为财务管理职能发挥提供了更好的平台和途径。

（一）信息技术对企业财务管理基础理论的影响

国际财务管理先后经历了筹资管理阶段、资金管理阶段、投资管理阶段、多元管理阶段四个发展阶段。相应地，每个阶段在财务管理理论方面的研究也在不断地发展变化。现代财务管理产生于20世纪50年代，理论涉及财务假设、财务目标、财务本质、财务对象、财务职能等，发展到今天仍未形成一个稳定的、公认的理论框架体系，学术界对财务管理领域中的一些问题仍未达成统一认识。信息技术的不断发展，对财务管理基础理论也产生了一定的影响，但并没有从根本上动摇财务管理的理论基础，主要表现在对财务管理的目标、对象及职能的影响方面。

1.信息技术对财务管理目标的影响

利润最大化、每股盈余最大化、股东权益最大化以及企业价值最大化是财务管理的四个代表性目标。其中，企业价值最大化是财务管理工作必然要实现的目标。企业是各方利益相关者契约关系的总和，以生存、发展和盈利为目标。信息技术使各方的联系不断加强，特别是电子商务出现以后，企业实际上成为多条价值链上的节点。如果单纯追求利润最大化或股东权益最大化并不能帮助企业提高整个价值链的价值，反而会对企业的长期发展造成影响。只有将企业价值最大化确定为财务管理的目标，才能实现企业相关利益者整体利益的提升。

2.信息技术对财务管理对象的影响

资金及其流转是财务管理的对象。在资金流转过程中，都以现金作为流转的起点和终点，其他的资产都是现金在流转过程中的转化形式，因此也可以说，现金及其流转是财务管理的对象。网上银行和数字货币的出现极大地丰富了现金的概念，而无形资产、虚拟资产的出现也丰富了现金的转化形式。同时，现代信息技术极大地加快了现金的流转速度，使企业面临的风险加剧。信息技术丰富了现金的概念和转化形式，加快了现金流转速度，但财务管理的对象并没有发生本质变化。

3. 信息技术对财务管理职能的影响

现代信息技术使财务管理的两个基本职能——财务决策职能和财务控制职能得到了强化。财务决策是指通过科学的方法选择出能够实现财务目标的最优方案，分为筹资、投资、收益分配三个基本内容。信息化环境下，财务决策的环境将更为复杂多变，面临的风险更大。企业的各项决策，特别是战术、战略层面的决策活动都可以应用各种现代信息技术使感性化的决策转变为科学化的决策。财务控制是指通过比较、判断、分析等方式监督决策的执行过程，及时发现问题并做出调整的过程。财务控制职能通过信息技术也得到进一步的加强，控制范围更广，控制手段更加灵活、方便、快捷，从以往的事后控制转变为现在的事前控制、事中控制。

此外，随着信息技术的不断发展，使财务管理衍生出更多的职能，如财务协调职能、财务沟通职能。在信息化环境下，过去单纯的财务决策和生产决策已经无法满足企业整体决策的需求，每一个决策都不是单个部门或单个领域的事情，而会涉及多个部门和领域。比如，生产计划的制订就不能只涉及生产有关部门，还会涉及企业的财务计划部门。换而言之，企业中各部门之间的横向联系更加密切，需要必要的手段加强与不同部门、各业务流程之间协调沟通的能力，财务管理将来还会承担更多这样的职能。

（二）信息技术对企业财务管理方法学的影响

1. 偶然性决策向财务管理系统化的转变

系统论、控制论和信息论是 20 世纪 40 年代后出现的具有综合特性的理论。20 世纪 70 年代统论、系统工程思想和方法论等理论传入我国，耗散结构论、协同论及突变论成为流行的"新三论"，也是系统论的深入发展。系统论以客观现实系统为本质特征，从整体上研究系统与系统、系统与组成部分、系统与环境之间的普遍联系。其中，系统是系统论中的基本概念。

财务管理也是一种系统，用于支持并辅助管理层的决策，财务管理方式则是指财务管理应用的手段、方式的总和。财务方法包含财务预测方法、财务决策方法、财务分析方法、财务控制方法等。财务管理的分析与设计在相当长一段时期内都缺乏系统观点的指导，单纯地注重获取某项指标或独立决策模型的应用。在面对独立的财务管理过程时，传统的财务管理主要用于解决临时性、偶然性的决策问题，因而缺少系统性。而在信息化环境下，面向独立的财务管理过程时，不应只考虑某一项决策的最优方案，而应以系统观点看待财务决策和财务控制，考虑整个财务管理系统的最优方案。财务控制应以系统整体目标为出发点，按照系统控制的要求，自上而下、层层分解，考虑控制的影响深度和宽度。

2. 定性分析向定量分析和定性分析相结合转变

由于计算工具的落后及缺乏数据库管理系统的支持，定量分析以往无法在财务管理过程中得到广泛应用。随着信息技术的发展，各种计算工具软件的开发与应用，数据库管理系统的渐渐普及，为财务管理定量分析提供了大量的计算支持与数据支持，促进了财务管理过程由定性分析向定量分析与定性分析相结合的转变。

3. 简单决策模型向复杂决策模型的转变

传统的财务管理受计算工具的限制，财务预测、财务决策、财务控制与分析等都只能通过简单的数学计算的方式完成。现代信息技术促进计算工具的发展，财务管理中引入了更多先进的现代计算技术与工具，促进了财务管理决策模型向复杂化转变。

（三）对企业财务管理实务的影响

财务管理实务是指通过财务管理理论进行财务决策与财务控制的过程。信息技术对财务管理实务的影响主要体现在三个方面，即对传统财务管理内容、财务决策过程和财务控制手段的影响。

1. 对传统财务管理内容的影响

筹资活动、投资活动和收益活动是企业个体的三个主要理财活动，同时也是企业财务管理的主要内容。信息化环境下，企业财务管理的主要内容得到了极大的扩展，财务管理的范围扩大，涉及企业的各个层面，企业决策也由单一项目决策最优向系统整体最优转变。

信息技术的发展使多个企业形成了一条共同价值链，企业决策成了价值链整体决策中的一个环节，决策将更多地向价值链整体最优倾斜。财务管理也产生了更多的新内容，如价值链企业管理、资金集中管理、集团企业预算管理等，财务管理的内容进一步扩展。信息技术使企业与金融市场、利益相关者、税务部门之间联系更加紧密，财务管理范围进一步扩大，覆盖了与企业相关的利益群体，银行结算、税收管理等也被纳入财务管理并成为财务管理活动中的重要环节之一。

2. 对财务决策过程的影响

情报活动、设计活动、决策活动及审查活动是财务决策的四个基本阶段，随着信息技术的飞速发展，这四个基本阶段也产生了根本性的变化。传统财务决策的情报活动只是收集参与决策的各项数据；信息化环境下的情报活动不再是单纯地收集数据，而是细化为风险评估、约束条件评估和数据获取三个阶段。风险评估即对决策目标及其实现的风险进行合理的评估；约束条件是指掌握决策的外部环境，明确决策目标实现过程中可以调动的资源数据获取是通过信息化平台获取、整理数据，通过数据仓库技术进行数据处理直接获取支持决策的有价值数据。

信息化环境下财务决策的设计活动被简化，过去的设计活动是通过人工制订、分析最优方案，现在则通过工具软件或财务管理系统建立一个决策模型，制定最优策略。

决策活动是指最优方案的选择及实施过程。信息技术使财务决策的抉择活动得到最大限度的优化，借助工具软件强大的计算能力模拟出各种方案的执行情况，最终选出最优决策，极大地增加了财务决策的科学性。

审查活动是指监控决策的实施并及时地进行修正。信息技术的发展与应用使审查活动被提前到了决策执行的环节，在实施决策的过程中同时进行审查阶段活动，跟踪、记录、反馈决策的执行情况。

3. 实时控制成为财务控制的主要手段

在传统的财务管理过程中，财务控制从最初的记录到最后的修正需要一系列步骤，过程较长，使控制过程远在业务过程之后，不能完全发挥控制的全部作用。信息技术使财务控制过程向集成化转变，达到真正的全面控制实施，充分发挥财务控制的真正作用。

（四）对企业财务管理工具的影响

信息技术使财务管理的手段更加快捷、丰富、准确，改变了传统手工处理财务管理工作的落后方式，促进了财务管理在企业中的应用。

首先，计算机的普及信息技术水平的提高，极大地提高了财务管理活动中的数据处理能力，简化了复杂、庞大的数据处理过程，使财务管理工作更加高效、准确。

其次，由汇集当前与历史数据的多种数据集成数据库系统的使用，大大提高了财务决策的效率和准确度，从而改变了传统决策模式。

最后，网络技术的发展与应用扩展了财务管理的内容，实现了财务管理的集中控制与实时控制，并提供了新的财务管理手段，分布式计算技术也为财务决策提供了新的解决方案。

（五）新兴技术对财务管理的影响

云计算、大数据、移动互联等极具代表性的新兴信息技术应用到财务管理中，促进了财务管理信息化的进程，并为财务管理提供了新的模式和方法。

1. 基于云计算的财务管理应用扩展

财务管理信息化过程具有较强的灵活性和个性化需求，云计算能够以较低的成本搭建财务信息化平台，通过 PaaS 方式或 SaaS 方式快捷、灵活地获取各种支持财务管理的资源，为财务管理信息化资源整合与集成化提供了更多的方式。

2. 基于大数据的财务管理应用扩展

大数据财务管理工作的影响非常巨大。面向一定领域的大数据能够为该领域提供支持决策的海量数据，通过整理、清洗、挖掘等技术使支持决策的数据和信息更为全面和准确，提高了财务管理的决策能力和控制能力，并能增强财务管理的有效性。此外，基于云计算的大数据能够帮助财务管理信息化更加充分地利用云计算平台，实现资源的高度共享，使财务决策不再是独立的决策行为，而是通过开发平台获得科学的系统决策。随着大数据在财务管理中的应用，企业的决策过程由从前的管理层决策向企业内部与外部协同决策过渡。

3. 移动互联对财务管理应用的扩展

移动互联技术应用于财务管理也为财务管理工作带来巨大变革。借助移动互联技术，能够实现决策与控制一体化的财务管理流程，还能实现过程控制的智能化。移动互联技术的应用能够促进企业组织的扁平化进程，改变财务管理的组织结构和流程，加强财务管理的控制幅度。财务管理的活动边界将会被进一步打破，财务决策将变得更加复杂，决策的时效性增强，实时控制将会变为现实。

五、财务管理信息化的未来发展情况

在机遇与风险并存的信息化时代,高效、科学的管理是每个企业的现实需求,财务管理信息化能够充分运用信息化技术,提高企业管理的效率和运作水平,所以是未来企业发展的重要趋势,是满足企业高效管理需求的重要措施。

近年来,现代信息技术飞速发展,已经深入人类生活的方方面面。在企业中,信息技术应用于企业财务管理的各环节,企业对于实现财务管理信息化的需求也愈加迫切,市面上也推出了多款综合性财务办公软件。

首先,财务管理信息化是时代所趋、众望所归的,信息化技术将会运用于财务管理的各方面、各环节。通过信息技术能够实现财务管理所有事项的综合化、一体化管理,从而实现优化财务管理流程、提高管理效率和增强管理功效的目标。

其次,信息技术加快了会计核算与财务管理结合的进程。信息技术使资金支付过程转变为会计审核工作,重复工作流程较少,提高了工作效率。电子审批单据转化为财务核算软件的会计凭证已经切实可行,预算管理、制度管理、业绩考核评价等财务管理工作都会充分运用信息技术,提高企业的运营效率。

再次,信息技术实现了财务管理与业务管理的一体化,能够对业务、财务计划的实施进行实时反映,使财务信息更加透明化、共享化。财务管理信息的使用按不同级别、不同权限使用,进一步加强财务管理与业务管理,并在预算执行阶段就可完成预算偏差的校正,提高了企业管理制度的执行能力。共享财务信息可在一定程度上对管理层次进行压缩,减少管理链条,促使管理目标更加清晰。

最后,预算管理与控制执行相结合是财务管理信息化的未来发展趋势。采用传统预算管理方式的企业中,预算管理与资金支付管理相互独立,造成了预算执行财务数据反应与预算分析总结滞后,偏差无法及时纠正,预算执行效果不良。而通过现代信息技术的支持,尤其是随着财务共享中心的兴起,财务管理逐步应用统一的财务管理信息化系统,实现了预算管理与资金支付的一体化。

(一)财务共享中心对企业财务管理信息化的提升

随着市场经济的发展,财务管理对企业发展的重要性日益凸显,越来越多的企业更加重视企业财务管理水平的提高。复杂的财务管理工作需要财务人员具备较强的专业技能和信息化水平。为了有效强化企业财务管理水平,应当加强对财务人员培训、完善财务管理系统、优化财务管理理念，最大限度地发挥财务共享中心的优势，使企业财务管理信息化水平能够更好地适应社会经济发展的需要。

1. 依托财务共享中心实施企业财务管理化的优势

财务共享中心随着现代信息技术的飞速发展逐渐兴起，被广泛地应用到现代企业财务管理信息化工作中。财务共享中心的应用打破了传统财务管理多部门模式的限制，通过智能化信息技术整合财务部门，结合企业实际建立新型财务管理服务模式，将财务信息整合在一个部门中，进而优化财务管理部门智能水平，在一定程度上降低了企业经营成本，不仅使财务管理工作更加简单、快捷，而且实现了信息共享。同时，财务共享中心优化了企业财务管理的工作结构，提高了企业财务管理水平，使企业在日益激烈的市场竞争中具有更大的优势。市场风险的加剧使企业财务工作的难度增加，财务共享中心模式的出现改善了传统财务管理工作职能单一的局面，在一定程度上为财务人员减轻了工作负担，从而提升了企业财务管理工作的效率。

财务共享中心的应用提高了企业财务管理工作的准确性，保障了财务信息的安全性，进一步规范了企业财务管理工作模式，对财务数据和信息进行有效的整合与统一管理，提高了企业财务管理的效率。财务管理工作的准确性是保障企业良好运行状态的重要前提，财务共享中心优化了企业财务管理的内部结构，提高了财务信息的准确性，从而促进了企业的可持续发展。

财务共享中心确保了企业规模的有序扩张与标准化发展。健全完善的财务共享信息系统能够有效地整合企业资源，合理地优化人力资源配置，进一步优化财务管理工作流程，实现财务管理工作的整体性，提高企业财务管理水平。财务共享中心加强了各部门间的沟通与信息交流，相应地，也对财务人员提出了更高要求，如除了具备较强的综合素质和专业技能外，还应充分了解企业财务管理的工作流程。此外，还可以根据财务人员的专业技能分配给其适合的岗位，进一步提高财务管理信息化工作的效率。

2. 依托财务共享中心提升企业财务管理化水平

（1）建立健全完善的财务管理系统

财务共享中心为企业财务工作带来了更多的便利，健全完善的财务管理系统能够进一步从整体上提高企业管理水平。企业在不断发展，企业规模不断扩大，财务部门分工更加复杂，也造成了财务管理部门间权责不明，降低了财务部门的监管力度。财务共享中心的应用完善了企业财务管理工作,优化了财务管理部门的内部结构,有效地整合了财务信息,保障了财务信息的准确性和安全性,确保了财务管理系统的正常运行。财务部门应定期检测财务信息,做好财务分析工作,整合财务信息,对财务管理流程进行梳理,根据财务工作的实际情况合理分配人力资源。同时,应基于企业整体发展规划制定相应的财务管理运行机制,统一管理财务信息,将财务运行风险、融资风险等都纳入财务管理信息化系统中,强化预算管理工作,在整体上提高企业管理信息化的水平。

(2)提升企业财务管理信息化水平

财务共享中心显著提高了企业财务管理信息化水平,企业财务管理工作效率得到进一步提升。随着现代信息技术的飞速发展,企业可以依托财务共享中心强化企业财务管理信息化建设,再造财务管理信息化工作模式和管理流程,结合企业自身实际情况优化财务管理系统,进一步促进企业财务管理系统的信息化。充分发挥财务共享中心的优势,加强财务数据的信息化处理流程,保障财务数据的准确性和安全性,规范财务管理工作标准。

(3)优化企业财务管理的流程

财务管理流程混乱是我国部分企业存在的问题,而完善财务管理工作流程正是财务共享中心的一大优势。通过规定工作内容、强调工作方法及利用智能化信息技术对财务管理工作过程进行实时监督等方式,确保财务人员处理财务管理业务流程的完整性与正确性。企业财务管理与财务共享中心的质量管理理念相结合,进一步规范企业财务管理模式,简化财务管理工作流程,在一定程度上降低了企业的经营成本。同时,结合市场变化对财务管理流程进行技术调整,利用财务共享中心优化企业内部资源与外部资源,使企业能够更好地应对市场变化与时代发展。

在信息技术飞速发展的今天,需要充分利用现代信息技术,发挥财务共享中心的优势,健全完善企业财务管理系统和财务管理流程,从整体上提升企业财务管理水平。同时,要加强财务人员的培训,强化专业技能、提升综合素质,提高财务管理工作水平和工作效率。

(二)大数据的发展推动财务管理智能化发展

目前,资源管理逐渐成为企业管理的主要任务,会计的工作职能也从单纯的账务管理向辅助决策、辅助分析、辅助管理的方向发展。同时，随着现代信息技术的普及，ERP（Electronic Public Relation）系统及企业流程再造等系统在我国企业中的广泛应用，推动了财务工作由电算化向信息化发展，财务活动和业务活动实现了信息化处理，展现出高效、快速、易用的新特点。

近年来，随着移动互联、大数据、云计算、人工智能等技术飞速发展，财务工作也发生了巨大变化。一方面，新型商业模式的产生对现有企业财务管理模式提出了新要求；另一方面，随着智能化、自动化信息平台的出现，提升了管理会计应用的深度和广度，进而推动了企业财务模式从单纯核算向智能化方向发展。

1. 智能财务

以智能决策、智能行动、数据发现为核心的智能管理系统是智能财务的主要表现，能够辅助企业决策层进行智能判断。

智能化应用于财务工作中有得天独厚的条件，大数据本身就包含了财务数据，更容易应用于财务管理工作中。智能化更加适应基于多变量的可描述规则，这恰好也是企业会计准则的体现。财务工作中存在大量的重复性工作，这些都可以通过智能化工具轻松实现。

在智能财务阶段，信息的收集、整理、加工、分析、展现等仅仅是信息系统的一部分功能，更重要的是可以通过信息系统代替企业管理层制定决策。根据企业需求收集相应数据并进行深度分析，就可以快速、准确地计算和模拟出结果，并做出判断，给出决策结果。

一般来讲，完整的智能财务体系应具备三个层级和一个能够贯穿智能财务三个层级的智能财务平台。三个层级分别为基础层、核心层和深化层。基础层是基于流程自动化的财务机器人，核心层是业务财务深度一体化的职能财务共享平台，深化层是基于商业智能的职能管理会计平台，这三个层级都通过基于人工智能的智能财务平台进行整合。随着未来人工智能技术的不断发展，智能财务平台将会继续向三个层级渗透和深化。

2. 基于流程自动化的财务机器人

国际四大会计师事务所陆续推出了财务机器人，这个名为 RPA 的新鲜事物逐渐由审计领域进入更广泛的财务领域。RPA（Robotic Process Automation）即机器人流程自动化，它不是物理形态的、有物理实体的机器人，而是一种软件技术，可以模拟人类的脑力劳动，自动化地完成规则导向、结构化的、可重复的工作。财务工作中存在大量标准化、重复化、技术含量较低的工作，通过 RPA 就可以代替人工高效、准确地完成这部分工作，如数据采集、数据审核、自动月结、自动银行对账等。

随着人工智能技术的不断发展，RPA 可以在很多财务领域中发挥作用，如按照一定规则执行重复性操作；应用于中央服务器的部署与管理，实现业务应用程序的交互；融合财务共享业务流程，提升财务工作效率，强化财务管理；与大数据、云计算等技术相结合，提高财务工作智能化，详细内容在最后一章还有详细介绍，这里暂不赘述。

3. 基于业财深度一体化的智能财务共享平台

RPA 代替人在传统财务业务规则下进行重复烦琐的工作，实现了自动化处理，而基于业财深度一体化的智能财务共享平台对传统财务流程实现了再造。

只有与业务实现真正的融合才能使财务发挥出价值创造的效力，尽管人们已经意识到业财融合的重要性，但很少有企业成功实现业财一体化。业财融合需要企业业务流程、会计核算流程和管理流程的融合，构建以业务驱动财务一体化信息处理流程，实现最大限度的数据共享，使得业务数据和财务数据融为一体，从而掌握企业经营的实时情况。但在传统企业管理体系中，业务流程、会计核算流程、管理流程都是相互独立的，缺乏使其有机融合的有效技术手段。

基于业财深度一体化的财务共享平台的应用使企业传统财务流程得以重构，实现流程自动化、数据真实化、交易透明化，企业得以回归以交易管理为核心的运营本质。通过建立内外部融合的新型财务运营管理体制及基于财务共享平台的线上商城，将大宗采购业务、公务用车、办公用品、差旅服务全部互联网化，实现了供应商与客户之间的直接交易，极大地简化了财务处理流程。无论是大宗采购还是企业日常消费，都可以在线上实现完成，并能实现自动对账报销，使企业的业务流、财务流、管理流实现有机融合。如果有员工出差需要预订酒店，只需要登录企业在线消费 APP 即可自动连接相应电商平台，系统会根据一定的规则进行比较和筛选并推荐预订通道，员工在线提交订单后，系统便可自动进行后续的预算校验与支付，并生成电子发票信息。员工出差过程中，所有相关数据都会保存在系统中，月底通过一张发票即可完成结算，做到员工出差零垫付，实现了会计核算自动化。

4. 基于商业智能的智能管理会计平台

由财务核算向财务管理的转变已是大势所趋，换一个角度来看，以财务会计为主导的财务工作向以管理会计为主导的财务工作转型是必然的。管理会计实质上就是在收集、分析数据的基础上实现精细化管理与量化管理，收集、整理、加工、分析数据的能力也是管理会计能力的体现。

小数据、业务数据、社会大数据是企业经营过程中一般要面对的三类数据。很长一段时间以来，小数据和结构化数据是企业应用的主要数据，这些仅仅是企业接触数据中的一小部分，而那些内容更加丰富、蕴含大量潜在价值和规律的非结构化数据与半结构化数据往往很难被清洗、整理、加工出来，处于沉睡状态。这些数据包括各种格式的文本、图片、报表、办公文档、图像、音频和视频信息等，内容涉及客户特征、消费者购买习惯与购买偏好等相关联的有价值信息。实际上，人们已经意识到这些一直被忽略的非财务数据、非结构化数据、半结构化数据等才是企业决策者真正需要的数据信息，数字化对财务工作的重要影响就是对数据需求和数据应用的影响，依托智能技术可以在海量的数据中收集、整理那些非结构化数据、半结构化数据并加以利用。

商业智能（Business Intelligence，简称 BI），通过现代数据仓库技术、线上处理技术、数据挖掘技术、数据展现技术等整理、分析数据以实现其商业价值。基于商业智能的智能管理会计平台具有灵活性强、视角广的技术特点，能够充分发挥商业智能模型化的功能，帮助企业获取多维度、立体化的信息数据，向企业管理层提供智能化、科学化信息支持。

5. 基于人工智能的智能财务平台

人工智能应用于财务领域主要体现在感知层应用、学习层面应用及自然语言处理层面应用三个层面。其中，感知层面的应用是指通过让计算机看、听、交流等方式获取相应的信息。学习层面的应用是指通过机器学习解决多变量、多计算规则的模型，并且能够采集大量的预测参数并进行快速计算。

具体而言，上面所说的三个层面的人工智能技术可应用于财务领域中的六个方向，分别是：财务预测，包括财务指标的预测、未来财经的洞察等；经营推演，包括最优资产架构的确定、产品投资推演等；风险量化，包括智能预警、量化经营风险等；价值优化，包括企业现金、成本等资产的优化与分析等；决策自动化，包括构建决策模型、决策判断等；信息推荐，包括决策参考、智能问答等。

随着现代科学技术的发展，人工智能技术在财务领域的应用会更加深入和广泛。近年来，通过人工智能技术实现了对企业主体的财务预测、经营推演和风险量化，相信在不远的未来，依托智能财务平台强大的学习能力、计算能力和反应能力，人工智能技术能够为企业提供更加精准、及时的信息服务，在某些方面甚至可以支持和替代企业管理层实现决策自动化。

第二节　信息化时代下财务管理的系统与平台

一、管理信息系统

管理信息系统是在 20 世纪中后期由高登·戴维斯提出的，他对管理信息系统的定义是，管理信息系统是一个利用计算机硬件和软件手工作业，分析、计划、控制和决策模型及数据库的用户——机器系统。它能提供信息、支持企业或组织的运行、管理和决策功能。随着信息技术的不断发展，管理信息系统的定义也产生了一定的变化，人们对管理信息系统的理解也更加深入。管理信息系统是由人、信息处理设备及运行规程组成的，以信息基础设施为基本运行环境，通过采集、传输、存储、加工处理各种信息为企业提供最优战略决策，支持企业集成化运作的人机系统。在这个定义中，指出了构成管理信息系统的三个要素，其中，"人"是第一个也是最重要的要素。人不仅是管理信息系统的使用者，同时也是系统的规划者、控制者和运行管理者，系统面向的层级越高，人的参与程度就越深。信息基础设施为管理信息系统创建了一个运行的物理环境，并始终服从管理信息系统的目标。运行规则包含了应用规则、控制措施和知识智能，是管理信息系统运行规则的体现，确保了数据提供、指令控制、动作执行等程序能够科学、合理地运行。

二、财务管理信息系统

（一）财务管理信息系统的定义

管理信息系统可分为 TPS（Transaction Processing Systems，事务处理系统）、MIS（Management Infomation System，管理信息系统）、DSS（Decision Support

System，决策支持系统）和 AI/ES（人工智能 / 专家系统）四个层次。

最底层的 TPS 系统用于记录和保存企业活动的基本信息；MIS 系统用于整理并简单分析各项信息；DSS 系统用于向企业高层提供支持决策的相关信息；AI/ES 系统用于对信息做出反馈、管理和控制。完整的财务管理信息化实际上是 DSS 系统与 AI/ES 系统的有机结合，根据 MIS 系统提供的数据得出支持决策的信息，通过系统控制实现财务管理与控制。

目前，学界对财务管理信息系统的定义仍然没有形成一致的认识。以系统论的观点来看，财务管理信息系统的定义应包含财务管理信息系统的目标、构成要素及财务管理信息系统的功能等内容。

1.财务管理信息系统的目标要以企业财务管理的目标为最终标准，换而言之，财务管理信息系统的最终目标即实现企业价值最大化，这个目标通过决策支持得以体现。相比于传统信息系统，财务管理信息系统工作的中心是支持决策活动和控制过程。

2.信息技术、数据、模型、方法、决策者和决策环境等是构成财务管理信息系统的主要部分。

3.财务管理信息系统的功能主要体现在财务决策和财务控制两个方面。财务决策和财务控制是现代财务管理基本职能，其他工作职能都可以视为财务决策和财务控制派生出的职能。

综上所述，财务管理信息系统可定义为：在信息技术与管理控制的环境下，由决策者主导和获取支持决策的数据并构建决策模型用于财务决策，将决策转化为财务控制，以实现企业价值最大化为目标，对业务活动进行控制的管理信息系统。

在很长的一段时间，人们对财务管理信息系统都没有形成一个明确的认识，曾提出过"理财电算化"的概念，其实质就是通过工具软件构建财务管理分析模型。"理财电算化"的提出很容易让人对财务管理信息化产生错误的认识，认为财务管理信息化就是单纯地在财务管理工作中运用计算机技术。

财务管理系统的提出帮助人们纠正了对财务管理信息化的错误认识，以系统论思想为指导建立财务管理信息系统，而且随着现代信息技术的飞速发展，构建财务管理信息系统的各项条件均已实现。

（二）财务管理信息系统的特点

财务管理信息系统的特点从其定义中就可看出，主要概括为动态性、决策者主导、与其他管理信息系统联系紧密、高度的开放性与灵活性四大特点。

1.财务管理信息系统的动态性特征

财务管理环境决定了财务管理活动，而企业的财务管理环境是在不断变化的。企业财务决策与控制策略取决于企业战略，所以财务管理信息系统没有统一的标准，不同企业间也很难互相参照，这也就决定了企业管理系统的动态性特征，会随着企业战略与财务管理环境的变化而变化。

2.财务管理信息系统由决策者主导

低端的信息系统能够实现高度的自动化处理，但财务管理信息系统不同，它面向的是企业的高层，为企业高层的决策活动服务，所以财务管理信息系统会涉及大量的分析和比较，需要进行智能化的处理，这就决定了财务管理信息系统由企业决策者主导。

3.财务管理系统与其他管理信息系统的联系密切

财务管理信息系统包含在整个企业信息化系统之中，是组成企业信息化系统的重要部分。支持决策的数据来自不同的信息系统，财务管理信息系统需要实现与其他信息系统的数据共享或系统的集成。财务控制的执行依赖于各业务系统的子系统，需要具备确保财务计划、财务指标等各项控制措施"嵌入"信息系统的能力，充分发挥财务管理信息系统的控制能力。

4.财务管理信息系统具有高度的开放性和灵活性

财务管理信息系统高度的开放性和灵活性是为了适应复杂多变的决策环境和不同财务管理模式的结果。首先，财务管理信息系统应允许管理者制定个性化决策过程和控制流程，能够根据不同需求重组和构建企业财务管理的流程；其次，财务管理信息系统应具备支持不同的数据库管理系统和异构网络的功能；最后，财务管理信息系统应具有一定的可扩展性和良好的可维护性，能实现动态的财务管理。

（三）财务管理信息系统的基本运行模式

财务管理信息系统运行分为财务决策环境的分析、制定、实施及控制评价四个阶段过程。这四个阶段都要在一定的企业环境和信息技术环境下实现，并彼此联系，共同构成财务管理信息系统的基本运行模式。

财务决策环境分析阶段，需要对财务决策进行风险评估，明确决策目标及决策的各项约束条件和实现目标的关键步骤。这是财务管理信息系统运行的第一个阶段，也是财务决策的准备阶段。通过信息技术平台能够获取相应的信息，并引入财务决策过程中。

财务决策制定阶段是构建财务决策模型的阶段，通过决策模型获取支持决策的所有数据，并通过大量的比较与分析从众多方案中选出最优方案，生成相应的计划、指标和控制标准。

财务决策执行阶段需要根据决策方案进行预算并进行资源配置，控制财务决策的执行过程，包括执行进度、预算执行、资源消耗情况等。

财务管理控制评价阶段将评价结果与预期控制指标进行比较，看是否存在偏差。若存在偏差则须分析产生原因，并进行修正。若判断为决策失误，则须重新制定决策；若决策执行过程中存在偏差，则须重新评估决策环境。

财务决策的执行阶段和控制评价阶段在实际的财务管理信息系统中通常会集成于具体业务处理系统中。财务管理信息系统是具备和业务处理系统的数据接口共享的集成化控制平台，从而保证了财务管理信息系统职能的发挥。

（四）财务管理信息系统的功能结构

决策与控制是信息化环境下财务管理的两大基本职能，财务管理信息系统也是围绕这两个职能展开功能结构的。

财务决策子系统主要包括企业筹资决策信息化、投资决策信息化、股利分配信息化三部分内容。具体地说，财务决策子系统包括用户决策需求分析、决策环境分析、决策模型构建、决策参数获取、决策结果生成等模块，并包含模型库、方法库和数据库等基本数据库管理系统。

预测是综合历史数据和现在获得的信息、数据进行科学分析，推测事物发展的可能性与必然性的过程。信息技术为预测创造了更好的条件，数据库能够提供海量数据，计算工具能够计算出更为科学、准确的预测方法。财务预测信息化包括利润预测、市场预测、销售预测、资金需求量预测、企业价值预测、财务风险预测等。

　　以往的财务评价通常为单纯的财务指标评价，而在信息化环境下，财务评价是对企业财务状况进行多层面、多维度的综合性评价。相较于传统财务，财务评价多发生在事后，通过财务管理信息化可以实现事中评价，能够有效地预警可能出现的财务风险。

　　预算控制子系统根据企业决策及决策方案中提出的计划和指标等进行预算，并且对预算进行执行、管理与监控。

　　在财务管理信息化中，现金管理是非常重要的内容。随着线上交易的逐渐成熟，现金管理不再局限于纸质货币的管理与对账，电子货币及其转化形式的结算、核对与网上管理都是现金管理的重要内容。此外，现金管理还有一个重要的工作内容就是合理地控制现金支出，并判断企业现金流的变动，根据现金需求及时做出合理的安排。对规模较大的企业而言，还可以通过核算中心实现企业内部现金的统一配置与管理。

　　成本控制子系统与成本核算子系统共同完成成本计算、成本分析等工作，并通过各种手段合理地降低生产成本。

三、信息时代的财务管理平台

（一）财务管理信息化中的主要信息技术

　　财务管理信息化除了构建信息平台的基本技术外，还需要应用其他信息技术以更好地完成财务管理目标。

　　1. 因特网、企业内部网和企业外部网技术

　　（1）因特网技术

　　因特网是一种全球计算机网络系统，按照一定的通信协议，通过各种通信线路将分布于不同地理位置上、具有不同功能的计算机或计算机网络在物理上连接起来。因特网技术是以通信协议为基础组建的全球最大的国际性计算机网络。通过因特网可以收发电子邮件、远程登录访问系统资源、进行文件传输、通过万维网访问各种链接文件等。企业中的部门与部门以及企业与企业之间都可以通过因特网及时、便捷地分享各种信息，实现低成本的集成、协调管理的目的。

　　（2）企业内部网技术

　　企业内部网是按照因特网的连接技术将企业内部的计算机或计算机网络连

接起来的企业内部专用网络系统。企业内部网只在企业内部进行信息和数据的传输与交换，涉及企业内部经营管理的各个方面。企业内部网是实现电子商务的基础，企业内部网的用户都使用同样的网络浏览器，企业的决策执行、生产分工、销售等一系列商务应用都可以在企业内部网上一目了然，使企业内各部门之间的联系和协作更加流畅、快捷。同时，在企业内部网上，信息的存放位置都是单一的，使企业内部信息更加便捷，实现了企业内部信息的高度共享及动态、交互式地存取信息。

（3）企业外部网技术

企业外部网是利用因特网技术将企业内部网与企业外部的销售代理、供应商、合作伙伴等联结起来形成的信息交换网络。价值链中的几家企业共享一个封闭网络，能够更加方便、快捷地实现企业间的信息共享与线上交易，还能避免因特网安全问题带来的风险。

2.电子商务技术

随着信息技术的不断进步与发展，经济全球化不断深入，电子商务的概念和内涵也在不断地扩充和发展。直到今天，人们仍然没有对电子商务下一个统一的定义，我们可以认为电子商务是以现代信息网络为载体的新型商务活动形式，是通过信息网络实现商品与服务的所有交易活动。

从企业的角度来看，电子商务既是面向外部市场的商务活动，也是面向内部的经营管理活动。通过进行因特网电子数据交换，企业的一切商务活动如广告宣传、网络营销、产品发送、业务协作、售后服务等都可以实现。而在企业内部，可以通过信息化、网络化管理实现企业内部活动与外部活动的协调一致。与传统的贸易活动相比，电子商务具有以下优势和特点：首先，开放性的电子商务平台使商务活动打破了空间的限制，为企业搭建了进入更大范围市场的桥梁，因特网的覆盖面为企业提供了无限大的市场，电子商务应用使得许多服务能够通过信息技术完成，从而更好地满足了人们的需求；其次，电子商务为全球商务活动的统一打下了基础，电子商务实现了全球范围内的信息共享，这也要求企业在相应的技术条件下遵守相同的商务规则，促进了全球商务活动的统一；再次，安全性是电子商务必须考虑的重点问题，交易信息的保护以及交易的安全性成为电子商务发展的重要环节，建立、健全电子商务相关法律法规，规范电子商务交易环境也是新环境下的重大课题；最后，电子商务在打破空间壁垒的同时也对企业协调能力提出了新的要求，商务活动是一个与供应商、客户、合作伙伴相互协调的过程，比如在世界范围内采用开放的、统一的技术标准，建立统一的商务平台、电子税收分配机制等。

3. 数据仓库、数据挖掘与商务智能技术

（1）数据仓库

数据仓库是一种由面向决策的多数据源集成的数据集合。数据仓库不是数据库，它面向的是决策，用于管理层管理决策信息并进行分析，可以通过数据挖掘技术在数据仓库中获取决策分析所需的各项信息。

（2）数据挖掘

数据挖掘是从大量数据中提取有用信息并对未来进行预测的过程。数据挖掘以挖掘对决策有价值的、有用的信息为根本目的。

（3）商务智能技术

商务智能技术目前仍然没有一个统一的定义，广泛的说法是通过信息技术收集、管理、分析信息和数据的过程或工具。商务智能技术的目标是改善决策水平，提高决策的及时性、正确性和可行性。

4. 信息系统集成技术

集成是将系统或系统的核心部分、核心要素连在一起，使其成为一个整体的过程。在企业信息化中，集成用于构建复杂系统及解决复杂系统的效率问题。笼统地说，信息系统集成能够优化企业业务流程，实施绩效的动态监控，有效改善信息孤岛化的问题。

根据信息层次的不同可将信息系统集成划分为物理集成、数据和信息集成及功能集成三种。物理集成是构建一个包含硬件基础设施和软件系统的集成平台，实现系统运行与开发环境的集成；数据和信息集成是将数据与信息进行统一规划、存储和管理，实现不同部门、不同层级间高效的信息共享；功能集成是将各部门的各项功能进行统一规划和分配，在应用上实现各部门功能的协同处理。

根据集成内容的不同，可将信息系统集成分为过程集成和企业集成两种。过程集成的实现是建立在信息集成上的，通过过程之间的协调为财务管理清除各项冗余和非增值的子过程，以及由人为或资源等造成的影响过程效率的各种障碍。企业集成包含两层含义：一是在过程集成基础上形成的由人、管理与技术集成的企业内集成；二是基于外部网络的企业与企业间信息交换与业务处理的企业间集成。

（二）财务管理信息系统的技术平台

1. 网络化硬件基础设施

网络化硬件基础设施是指构成财务管理信息系统的硬件设备，为财务管理信息化的正常运行提供了必备的硬件环境。网络化硬件基础设施是财务管理信息化技术平台的物质基础，是实现财务管理信息化的前提条件。

2. 支撑软件系统

支撑软件系统是支撑财务管理信息平台的基础软件系统，包括网络操作系统、数据仓库、各种工具软件等。支撑软件系统的安全影响着应用系统和系统业务内容的安全。

3. 应用软件系统

应用软件系统是企业结合自身需求选择并实施的财务管理信息系统。通常，单个企业会选择资产管理系统、筹资管理系统、投资管理系统、预算管理系统、成本管理系统等几个部门，集团企业还须增加战略规划系统、风险管理系统和集团资金管理系统等集团财务管理信息化方面的应用软件系统。

4. 企业应用模型

企业应用模型是指企业信息化所采用的模型。企业可以根据自身情况与需求自定义企业应用模型，如业务模型、功能模型、组织结构模型等，并通过相应的支撑软件平台定义各模型的功能系统、组织结构、配置系统参数等。

5. 企业个性化配置系统

企业个性化配置系统能够根据企业的应用模型在系统中选择满足企业管理需求的功能需求，并能根据应用模型的需求配置各项参数，构建一个既符合企业特点又能满足企业需求的个性化系统。

6. 安全保证体系

安全保证体系是为财务管理信息化技术平台及信息处理内容提供安全保障的所有要素构成的系统总称。安全保证体系包括全风险分析与评价、安全保障技术、安全控制措施及法律法规体系、安全机制的构建、信息安全机构的设置、安全产品的选择等。

第三节　财务管理的信息系统开发与实现

财务管理信息系统与其他信息系统一样都是一个复杂的系统工程，涉及面广、联系的部门多，与企业的管理、业务、组织等都息息相关。

一、财务管理信息系统的开发方法

财务管理信息系统开发方法是软件开发具体工作方式的具体描述，详细地给出了软件开发工作中各阶段的详细工作办法、文档格式、评价标准等。在确定了信息系统的开发模式后，就要按照一定的方法进行系统的开发。常见的系统开发方法有结构化系统开发方法和面向对象的开发方法。

（一）结构化系统开发方法

结构化系统开发方法是目前普遍使用的较为成熟的系统开发方法，它采用系统工程开发的基本思想，将系统结构化和模块化，然后对系统进行自上而下的分析与设计。具体地说，就是将整个信息系统进行规划，划分为若干个相对独立的阶段，对阶段进行自上而下的结构化划分。在划分过程中，应从最顶层着手，逐渐深入最底层。在进行系统分析和设计时，先从整体入手再考虑局部。而在系统实施阶段就要实行由下至上的实施方法，从最底层模块入手。最后按照系统由下至上地将模块拼接起来并进行调试，组成一个完整的系统。

在划分系统时，通常将系统分为系统规划阶段、系统分析阶段、系统设计阶段、系统实施阶段及系统运行与维护阶段五个首尾相连的阶段，也叫系统开发的生命周期。

1. 系统规划阶段

根据系统开发的需求做初步调查，确定系统开发的目标和总体结构，明确开发过程中各个阶段的实施方法与可行性分析，生成可行性分析报告。

2. 系统分析阶段

这是系统开发的第一个阶段，围绕系统开发的目标深入调查线性系统与目标系统，通过系统化分析建立系统的逻辑模型。在系统分析阶段，主要是对管理业务流程和数据流程进行调查并形成系统分析报告。

3. 系统设计阶段

该阶段是根据上阶段构建的系统模型设计物理模型，主要为总体结构设计和详细设计，形成详细的系统设计说明书。

4. 系统实施阶段

系统实施阶段是根据上阶段的设计进行程序设计与调试、系统转换、数据准备、系统试运行等。同时，还要形成相关的技术文本，如程序说明书、使用说明书等。

5. 系统运行与维护阶段

这一阶段也是系统正式开始运行的阶段，主要任务是负责系统的日常管理、维护与系统评价。

（二）面向对象的开发方法

面向对象的开发方法是以人对客观世界的习惯认识与思维研究、模拟现实世界的方法。在这个方法中，客观事物都可视为一个对象，客观世界就是由一个个不同的对象构成的，每种对象都有自己的运行规律和独特的内部状态，不同对象之间相互作用、相互联系共同构成了完整的客观世界。

面向对象的开发方法强调以系统的数据和信息为主线进行系统分析，通过全面、详细的系统信息描述指导系统设计。面向对象的开发过程通常分为需求分析、面向对象分析、面向对象设计及面向对象程序设计四个阶段。

1. 需求分析

调查研究系统开发的需求和系统的具体管理问题，明确系统的功用。

2. 面向对象分析

在问题域中识别出对象，以及对象的行为、结构、数据和操作等。

3. 面向对象设计

进一步抽象、整理上述分析结果并形成确定的范式。

4.面向对象程序设计

将上一阶段整理出的范式用面向对象的程序设计语言直接映射为应用程序。

运用面向对象的开发方法时，系统分析和系统设计需要反复进行，充分体现了原型开发的思想。

二、财务管理信息系统的需求分析

财务管理信息系统的需求分析是十分必要的。无论信息系统采用哪种开发方式和开发方法，只有通过需求分析才能明确系统的功能和性能，为后续的开发奠定基础。需求分析实质上是一个逐渐加深认识和细化的过程，通过需求分析，能够将系统的总体规划从软件工作域逐步细化为能够详细定义的程度。

系统的使用者对需求分析也具有重要作用。使用者规定了基本的系统功能和性能，开发人员在使用者的基本需求基础上进行调查分析，将使用者的需求转换为系统逻辑模型，最终以系统说明书的方式准确地表达出来。下面以结构化系统开发方法为例，介绍需求分析阶段的目的及财务人员的工作内容。

（一）需求分析的目的

需求分析即细化系统的要求，全面、详细、系统地描述系统的功能和性能，明确系统设计的限制及与其他系统的接口细节，对系统其他有效性需求进行定义。通过需求分析，将系统的需求细化，为系统开发提供必备的数据与功能表示。在完成系统开发后，系统需求说明书还将成为评价软件质量的重要依据。

信息系统开发的最终目的是实现目标系统的物理模型，即解决怎么做的问题。物理模型是由逻辑模型实例化得到的。与物理模型不同的是，逻辑模型不考虑实现机制与细节，只描述系统要完成的功能和处理的数据。需求分析的任务就是借助现行系统的逻辑模型导出目标系统的逻辑模型，解决目标系统"做什么"的问题。

创建目标系统的物理模型是信息系统开发的最终目的，而物理模型是通过逻辑模型实例化而来的，需求分析的作用就是通过线性系统的逻辑模型导出目标系统的逻辑模型。

1.获得现行系统的物理模型

现行系统的类型多种多样，所以在获得线性系统的物理模型这一步中，要对线性系统进行全面、详细的了解，最终通过一个具体的物理模型客观地反映出现行系统的实际情况。

2. 抽象出现行系统的逻辑模型

这一步骤的实质就是区分决定现行物理模型的本质因素和非本质因素，去掉其中的非本质因素，获得反映系统本质逻辑模型的过程。

3. 建立目标系统的逻辑模型

将目标系统与现行系统进行比较，确定目标系统内与现行系统在逻辑上的差别，将与现行系统有差别的部分视为新的处理步骤进行相应的调整，由外至内地分析变化部分的结构，推导出目标系统的逻辑模型，最后进行补充和完善，从而获得目标系统完整、全面、详细的描述。

（二）需求分析的过程和内容

需求分析的工作过程可以概括为问题识别和分析与综合。

1. 问题识别

通过分析研究系统分析阶段产生的可行性分析报告和系统开发项目实施计划，明确目标系统的需求、需求应达到的标准及实现这些需求所需的条件。系统需求主要包括功能需求、性能需求、环境需求、可靠性需求、安全保密需求、用户界面需求和资源使用需求等。

2. 分析与综合

细化各系统功能，明确系统不同元素之间的联系和设计上的限制，分析其能够切实满足系统功能的要求，明确系统功能的每一项需求。在明确系统功能需求的基础上分析其他的功能需求，进行合理的改进、补充和删改，形成最终的逻辑模型并详细地描述出来。

第六章　财税管理的智能化转型与发展——财税 RPA

第一节　RPA 技术概述

一、RPA 的含义

RPA（机器人流程自动化）指通过用户界面层，模拟并增强人与计算机的交互，执行基于一定规则的、可重复操作任务的软件解决方案。简而言之，RPA 是指机器人通过记忆人工桌面操作行为和规则，自动复制执行操作。RPA 可辅助完成一系列重复性任务。

随着多系统并存、数据孤立等问题的出现，以及人力成本的不断攀升，企业的自动化需求越发急迫。企业渴望寻求一种技术路径去更好地连接多个并存系统，以打破"数据孤岛"、降低人力成本、提升流程效率，这为 RPA 的发展提供了契机。基于模拟人工自动操作的原理，RPA 天然适用于规则明确、重复量大的使用场景。"规则明确"使 RPA 的应用有可能，"重复量大"使 RPA 的应用有意义。与传统软件系统开发相比，RPA 在落地使用方面更为灵活，投资回报周期短，使用者准入门槛低。传统软件系统的开发需要使用者有专业的编程知识，花费大量的时间和精力编写程序脚本，开发和调试所需时间长且成本高。而 RPA 产品部署灵活简易、开发成本低、投资回报周期短，适用于各种环境。RPA 与传统 IT 系统的具体对比如表 6-1 所示。

表 6-1　RPA 与人工、传统 IT 系统的对比

人工	传统 IT 系统	RPA
·需要集中培训，难度适中 ·人工成本、管理成本、培训成本较高 ·人员培训时间为 2 ~ 6 周 ·投资回报周期为 2 ~ 3 年	·需要专家开发系统，难度较高 ·软件开发成本高 ·需要长时间的开发与调试（0.5 ~ 1 年） ·投资回报周期 3 ~ 5 年	·流程编写较为简单，难度低 ·开发成本低 ·不需要很长的开发时间（2 ~ 6 周） ·投资回报周期少于 1 年

RPA 在使用门槛、部署周期、平衡效率与收益上有着不可比拟的优势，因此被称为"数字化劳动力"（Digital Labor）。其通过数字化智能软件模拟完成人类工作，为重复、烦琐或高强度的工作提供充沛的劳动力补充。今天，已有不少企业在财务管理、税务管理、人力资源、供应链管理、客服中心等办公领域采用 RPA 取代了一些重复且烦琐的日常流程中的人力。

二、RPA 的功能

RPA 通过对人类操作的模拟及对人类判断的模拟，能够实现数据的收集和整理、数据的验证和分析、数据记录、协调和管理、计算和决策、沟通、生成报告等一系列功能。基于其应用特点和能力，我们可进一步将 RPA 的功能划分为五个模块，即数据检索与记录、图像识别与处理、平台上传与下载、数据加工与分析、信息监控与产出。在实际应用中，RPA 往往承载以上多种功能的组合，从而实现某一流程节点的自动化。

（一）数据检索与记录

数据检索与记录是 RPA 最基础的功能，其通过记录传统模式下的手工操作、设置计算机规则进行模拟，从而使机器人执行数据检索、迁移、录入的动作。

数据检索：通过预设规则，RPA 模拟手工检索操作，自动访问内部和外部安全站点，并根据关键字段自动进行数据检索，提取并存储相关信息。相较于传统的以编程检索数据的方式，RPA 获取页面元素的灵活性更强，在页面需要部分修改的情况下，无须对项目架构进行调整，节约了系统维护成本。

数据迁移：对于跨系统的结构化数据，RPA 可自动进行数据采集、逻辑转化和数据迁移，并对数据的完整性和准确性进行测试与校对。在跨系统数据迁移过程中，RPA 不但能够进行原始数据的采集，还能够灵活地处理数据逻辑转化，适应数据或流程的变更。除了一对一的系统数据迁移与测试，RPA 还适用于一对

多、多对一、多对多的跨系统数据迁移与测试。相较于传统的以系统接口迁移数据的方式，RPA 以外挂形式部署，在用户界面进行操作，不会破坏企业原有的 IT 结构。对于多系统间的数据迁移，RPA 系统适配性更强，数据迁移成本更低。

数据录入：对于需要录入系统的数据，在识别纸质文件或接收电子文件后，RPA 模拟人工操作将预填充的数据自动录入至对应系统，并对原始文件进行归档。例如使用 RPA 在供应商管理系统维护供应商数据信息，在开票系统录入发票开票信息，从而实现机器人自主开票；在银行系统输入付款数据，从而实现为普通付款和批量付款自动生成会计分录等。

（二）图像识别与处理

图像识别与处理功能是指 RPA 依托 OCR（Optical Character Recognition，光学字符识别）技术对图像进行识别，提取图像有用字段信息并输出结构化数据，从而进一步对数据进行审查与分析，将其转化为对管理、决策有用的信息。

RPA 利用 OCR 技术对扫描所得图像进行灰度化、降噪、二值化、字符切分及归一化等 OCR 识别预处理，在此基础上对文字图像进行特征提取和降维，从而进行文字分类器设计、训练和实际识别。在 OCR 识别后，RPA 进一步对分类结果进行优化校正和格式化，最终使提取的图片关键字段信息输出为结构化数据，由此解决手工录入的问题。OCR 技术目前主要应用于对发票信息的识别，可以使财务人员从发票信息识别和录入的机械操作中解放出来，转变成 RPA 的管理者。

基于 OCR 技术，RPA 可以根据预设的规则，模拟人类的判断，进一步处理任务，对识别后的文字按照预先设置的判断要点、关键信息进行审查和分析，完成从图片到信息的转换与初加工。

（三）平台上传与下载

上传与下载的核心在于后台对数据流的接收与输出，RPA 按照预先设计的路径，登录内部和外部系统平台，完成数据的上传与下载操作，实现数据流的自动接收与输出。

不同系统间往往需要传递数据及文件，当系统间数据接口尚未打通、数据传递存在障碍时，就需要通过平台上传的方式进行数据同步、文件更新。RPA 模拟人类手工上传文件的操作，自动登录多个异构系统，上传指定数据、文件至特定系统 / 系统模块。例如 RPA 可自动登录客户关系管理系统并批量勾选上传客户信息主文件。

基于系统间数据同步、文件本地化存储等需求，RPA 可自动登录多个异构系统，下载指定数据、文件，并按照预设路径规则进行存储。例如 RPA 可自动接收并下载邮件、自动下载银行账户清单、创建文件并存储在合适的文件夹中。

（四）数据加工与分析

基于检索、下载的数据信息，RPA 可进一步对数据进行检查、筛选、计算、整理，以及基于明确规则的校验。

数据检查是原始数据进一步加工处理的起点，RPA 可以对获取的数据的准确性、完备性等进行自动化检查，识别异常数据并做出预警。例如 RPA 可以对从多口径获取的财务信息、业务信息进行初始数据的检查核对，预警异常数据，并进一步基于数据规则进行差异处理。

RPA 可以按照预先设置的筛选规则自动筛选数据，完成或推进数据预处理工作，锁定进一步加工处理的数据范围。例如 RPA 可在涵盖多指标的报表中筛选核心指标及需要进一步计算处理的基础指标，并基于筛选的数据进行数据计算、整理等后续处理。

对于获得的原始结构化数据，RPA 可按照明确规则自动进行数据计算，从而得到满足个性化管理需求的数据信息。例如，RPA 可基于下载的详细销售数据，按照佣金分配规则计算佣金。

RPA 能够对提取的结构化数据和非结构化数据进行转化整理，并按照标准模板输出文件，实现从数据收集到数据整理与输出的全流程自动化。例如 RPA 可从不同的财务系统和报告中提取、识别数据，并自动进行数据整理。

在预先设置数据映射关系的前提下，RPA 能够对指定路径获取的批量文件自动进行匹配验证，对例外事项进行简单调查，以及对错误数据进行分析和识别。例如 RPA 可以对核心财务子系统账户余额进行对账，对未成功对账的案例进行简单的调查，以及对账户差异进行分析，生成对账失败报告，并进一步创建日记账分录以处理差异。根据客户合同及已批复的价格表，RPA 可以自动审查价格，自动计算和处理商业折扣，并在返点系统中输入申报折扣信息，触发折扣账务处理。基于抓取的发票票面信息，RPA 可以自动登录税务局网站进行发票校验，并记录发票验证结果。

（五）信息监控与产出

信息监控与产出是指 RPA 模拟人类判断，推进财务工作，包括工作流分配、标准报告出具、基于明确规则决策、自动信息通知。

RPA 可按照预设的工作流程进行工作流分配和交接处理，实现工作流程和批复的自动推进。例如对于数据校验环节生成的对账失败报告，RPA 可根据预设的对账失败处理流程发邮件至相应人员进行审核与批复。

RPA 将从内部、外部系统获取的信息，按照标准的报告模板和数据、文字要求，模拟人类操作并整合、输出自然语言的报告。例如 RPA 可出具预测数据与实际数据的对比报告，基于收集和整理的数据自动生成监管报告，按照模板创建标准日记账分录、报告，预填制复杂报告中标准规范的部分。

基于明确的规则，RPA 可在自动化指令触发后，进行分析、预测和决策。例如 RPA 可利用历史数据和市场数据进行自动化预测，根据历史的信用记录进行信用审批，按照预先设置的规则自动处理费用支出。

在财务处理流程环节，对于需要向其他节点财务人员、员工、供应商、客户等推送信息进行通知、跟催的事项，可调用 RPA 来完成。RPA 识别到涵盖推送信息的关键字段，自动生成信息通知指令并发送信息。例如 RPA 可识别员工借款逾期未还的信息，自动向员工发送逾期提醒邮件；在付款环节，支付指令发送后，RPA 可代替人工定期打开银行界面查询付款状态，并即时发送报告邮件。

三、RPA 的技术特点

由于可模拟人工操作并通过软件自动重复执行，RPA 与传统软件开发相比，具有成本低、周期短、部署灵活的优势。RPA 的技术特点主要包括机器处理、以外挂形式部署、基于明确规则、模拟用户操作。

（一）机器处理

RPA 是一种软件机器人，按照设定要求模拟人工完成重复、机械式的任务。机器自动化处理替代传统人工操作后，一方面，机器人 7×24 小时不间断工作，极大地降低了人工成本、提高了流程效率、确保了信息的实时性；另一方面，机器人避免了人工操作可能出现的疏漏和员工坏情绪等个人因素的影响，保障了工作质量和效率，提高了数据处理和报表的可靠性、安全性、合规性。

（二）以外挂形式部署

企业工作系统的最底层是核心诉求和数据，第二层是 Excel、Word 等基础软件，第三层是 ERP、CRM（Customer Relationship Management，客户关系管理）系统、WMS（Warehouse Management System，仓库管理系统）等流程系统。而 RPA 是这三层结构之上的软件层，不改变企业已有的 IT 系统，以外挂形式部署。

（三）基于明确规则

RPA 主要是代替人工进行重复机械式操作，研发时需要基于明确规则编写脚本。因此，RPA 的适用流程必须有明确的、可被数字化的触发指令和输入，工作期间可能出现的一切场景都可以提前定义，如财务、人力资源、供应链、信息技术等部分流程都符合 RPA 适用条件。也就是说，RPA 不适用于创造性强、流程和系统变化频繁的工作场景。

（四）模拟用户操作

RPA 主要模拟的是用户手工操作，如复制、粘贴、鼠标点击、键盘输入等。例如，国内早期出现的"按键精灵"通过录制用户在界面的所有操作，记录鼠标点击位置和键盘数据字符，据此形成脚本分配给机器人操作，从而实现自动处理表格间数据的转换、自动调整文档格式、文章排版、自动收发邮件、自动打开检验网页链接、文献检索、收集资料等操作。与现行成熟的大型编程软件相比，RPA 就像是这些软件中的一个小控件，无论是编译器的效率，还是调试侦错的手段，都略逊一筹。但是，RPA 使用起来更简单、更灵活、更方便，成本低、收益高，这就是 RPA 被广泛应用的根本原因。

四、RPA 的应用领域

根据技术操作本质，RPA 可分为两种：一种为"基于手工操作的任务处理"，即由 RPA 在计算机上对员工操作进行记录，并将其处理为计算机可理解的对象，使计算机能够基于一定的规则处理登录内部应用、处理日常邮件、填制表格等任务；另一种为"基于规则判断的任务处理"，即由 RPA 模拟人类进行计算、识别、数据处理、分析预测等，例如通过 OCR 技术将图片信息转化成文字信息、利用爬虫抓取万维网的脚本和程序等，从而间接地完成人类模拟动作。

目前，RPA 已应用于多个行业，在企业经营管理的各类场景中发挥其自动化处理任务及模拟人类判断的优势，助力企业在财税、采购、IT、人力资源等领域提升管理水平。这里以企业中流程规则明确且手工操作相对较多的典型领域为例，介绍 RPA 的具体应用。

（一）财税

RPA 可应用于采购到付款、销售到收款、存货到成本、总账到报表、税务管理、资金管理、档案管理、财务分析等领域的多项基础操作流程。

1. 采购到付款

RPA 机器人可自动上传供应商资料信息以辅助管理主数据，并可将付款信息提交至资金付款系统完成实际付款。

2. 销售到收款

RPA 能够抓取开票数据并自动开票，实现应收与实收数据的对账及核销。同时，RPA 具有跨系统平台查看并处理数据的能力，能够及时跟踪和评估企业回款能力，如医院可通过 RPA 告知患者账户余额等信息，避免其付款延迟。

3. 存货到成本

RPA 可自动录入成本统计指标，执行成本费用分摊。

4. 总账到报表

RPA 能够串联不同系统，获取大量信息并进行验证，确保总账的正确性。

5. 税务管理

RPA 可高效地进行税务相关数据采集处理和自动纳税申报，完成税务拨备计算等工作。

6. 资金管理

RPA 能够自动实现资金归集、资金计划采集处理、银行对账，并出具银行余额调节表。

7. 财务分析

RPA 可于固定时间自动到指定网站查询并下载竞争对手和相关企业财务报告，对从财务报告中提取的收入、净利润、净资产等数据进行汇总、整理分析和报告输出。

（二）采购

采购模块涉及采购需求管理、供应商录入和维护、供应链管理和付款流程审批等任务。RPA 可应用于采购的全过程，可帮助企业进行需求和供应规划的端到端管理，综合采购、运输、库存等情况，辅助采购部门人员评估需求，进行采购决策。RPA 能够在订单标准化的前提下，按照年度采购需求和合同要求执行细化的采购任务，例如帮助企业完成新供应商录入系统、自动评估采购申请并寻求相关领导审批、自动下达订单、及时通知采购团队收集并执行订单、订单完成后可自动关闭订单并通知客户。在接收发票和付款方面，RPA 可通过 OCR 技术提取发票数据，并自动与采购订单匹配，简化发票处理过程，为企业的采购工作降本增效。

（三）供应链

供应链管理往往涉及大量的后台操作，RPA 可在供应商选择、产品转移、物流跟踪、库存监控等环节实现自动化：能够自动生成供应商列表和评估报告，便于企业了解和选择合适的供应商；自动处理订单和支付，将订单信息提取至公司数据库并通过邮件或短信进行确认；在库存上设置选项卡，当库存低于阈值时自动通知人员处理，并可预测最佳库存值，优化库存管理流程；自动识别客户邮件中的物流状态查询请求，然后登录系统查询并向客户传达，减少人工干预。制造业、物流业等存在大量货物流动的行业均可利用 RPA 优化供应链管理。

（四）风险控制

RPA 能够实现关键信息快速提取、比对和问题识别，可有效地辅助风控工作。例如银行在信用卡业务中可通过 RPA 跨系统进行客户信息收集整理，自动完成信用检查和背景调查，并根据相关资质参数进行下卡操作。在反洗钱工作中，RPA 可定期自动收集客户数据、验证不同来源的客户信息，自动完成黑名单查询、政治敏感人物信息收集、高风险交易筛选、客户风险评估及可疑交易报告编写等流程。面对潜在的欺诈行为时，RPA 能够及时识别并进行账户标记，辅助相关部门进一步审核调查。政府机构亦可利用 RPA 进行护照、合同关键信息的自动识别，并有效地把控文件未签字、未盖章等不规范情况。企业也可利用 RPA 完成文档风险点识别、跨格式合同比对等操作，还可辅助审批。

（五）人力资源

在人力资源领域，RPA 可帮助企业寻找合适候选人，自动汇总、筛选简历，自动进行履历验证；通过设置自动更新表单，快速为 HR 提供准确的人事数据；自动生成、发送培训邮件；自动进行缺勤检查和信息报告输出；自动整合离职人员数据并向下游系统反馈，生成离职文档，撤销相关人员的系统访问权限等。

（六）信息技术

系统的运营维护在 IT 项目中占据了大量时间，来自流程及人员方面的失误极大地影响了 IT 服务质量。而 RPA 则为 IT 部门提供了高效管理和解决信息技术问题的方案。RPA 可例行检查各类型服务器、应用程序及其他系统，保证其正常运行，同时会将相关问题自动标记并提醒 IT 部门进行修复。IT 部门也可以使用 RPA 批量执行文件管理、重启和恢复、安全系统集成等操作，减少人为错误，节约时间，通过快速响应来提高服务质量。

基于外挂形式部署的特点，RPA 能够帮助涉及较多操作系统的行业显著提升 IT 问题解决能力。例如电力公司内部部署的传统操作系统或软件平台通常需要大量手工操作，而 RPA 可自动登录 SCADA（Supervisory Control And Data Acquisition，数据采集与监视控制）系统、GIS（Geographic Information System，地理信息系统）和定制开发系统进行故障检查，并能够快速获取已发布作业的细节信息、创建内部工作单，为员工分担大量低附加值工作。

（七）客户服务

企业的客服人员承担树立品牌形象、管理客户关系的重要职责，但繁杂的客户信息收集和应对工作经常使客服人员不堪重负，服务质量难以提升。RPA 能够优化业务流程、自动管理客户数据、预测客户需求，并可生成客户数据分析报表，极大地减轻客服工作量、缩短客户等待时间，在提升客户满意度的同时使企业更深入地了解客户期望，有的放矢地增强企业竞争力。

例如在电信业等广泛面向个人用户的行业，RPA能够有效地协调管理大量的服务订单，整合并验证不同来源的订单信息，高效处理订单以缩短周转时间，并可辅助匹配客户身份和已知数据，对客户身份进行及时验证。而在政务服务等须处理繁杂咨询工作的行业，RPA能够执行相关资料的自动化检查及信息录入，并可自动处理服务热线、智能分配和回复各机构案件，达到提升咨询效率和优化服务体验的目的。

第二节 财务机器人适用的流程

一、费用报销

费用报销是财务共享服务中心最为普遍的工作流程，也是财务机器人使用最广泛的流程。

智能提单：结合OCR技术，财务机器人对各类发票和单据自动识别、分类汇总并分发传递，同时根据报销规则自动生成报销单，且支持多渠道采集发票信息。

智能审核：设定费用报销审核规则，将其内嵌至费用报销系统，财务机器人自动按照设定的逻辑执行审核操作，如校验发票真伪、检查发票是否重复报销、预算控制、审查报销单等，并记录合规检查结果。对于合规的申请，自动生成审批意见；对于有问题的申请，驳回申请并邮件通知申请人，由财务人员与申请人进行沟通答疑。

自动付款：报销单通过审核后自动生成付款单，付款单进入待付款中心后，财务机器人依据付款计划执行付款操作。

自动账务处理：依据记账规则自动生成凭证，自动提交凭证、过账，并生成账务报告。

费用分析：财务机器人自动进行数据整理分析，对异常情况进行警示，自动生成邮件并汇报至管理层。

二、采购到付款

从供应商管理、供应商对账到发票处理及付款，整个过程的无缝衔接是采购到付款流程的重点。财务机器人可使采购到付款流程中重复率高、业务量大的工作实现自动化。

请款单处理：通过 OCR 扫描请款单并识别相关信息，然后由财务机器人将请款单信息录入 ERP 系统，并对订单信息、发票信息、入库单信息进行匹配校验。

发票查验与认证：基于明确的规则执行发票、订单、收货单匹配并确认收货后，收到供应商开具的发票，然后由财务机器人自动进行发票查验与认证并将结果自动上传至系统，无须人工逐一验证。对于验证不合规的发票，邮件反馈至财务人员进行人工复检。

采购付款：财务机器人自动完成审核、数据录入和付款准备，提取付款申请系统的付款信息（付款账号、户名等），自动登录网银等资金付款系统执行付款授权等操作。

账务处理及报告：财务机器人将应付模块的凭证信息导入总账，进行账务处理，如对应付和预付进行重分类等，生成财务报告并邮件通知财务人员。

供应商对账：人工设置好对账触发时间，财务机器人登录财务模块，查询供应商信息并导出，然后自动向供应商发送邮件，完成对账提醒，并自动完成订单状态查询、发货状态查询。

供应商主数据维护：财务机器人将供应商提供的资料信息上传至系统，比如获取营业执照影像并识别指定位置上的字段信息，填写信息到供应商主数据管理系统，并上传相关附件等。

供应商管理：财务机器人自动、定期地从外部第三方信息渠道获取与供应商关联的资料、信息、新闻等，与企业系统内供应商信息进行交叉比对，识别存在高风险或利益冲突的供应商，按照设定的风险评估模型审核供应商资质并将评估结果邮件发送给指定人员，实现全供应商实时监测，同时识别高风险、不合规供应商，提高监控效率、降低围标风险。

三、订单到收款

订单到收款是企业和客户之间的财务关联流程，包括合同管理、发票开具、收入确认、收款对账等业务环节。订单到收款流程的规则明确、自动化程度较高，其中适用于财务机器人的具体子流程如下：

销售订单录入和变更：财务机器人对电子订单或数字化的纸质订单进行识别和录入，对有变更需求的订单进行变更。

发票开具：财务机器人根据订单信息，抓取申请开票数据并进行开票，发票开具后将开票信息邮件传至相关业务人员，通知其寄送发票。

返利管理：应收账款会计定期从客户管理团队获取返利申请表格，扫描支持性文件至内部系统，然后由财务机器人搜索文件并登录返利管理系统，将返利申请表中的内容录入系统并生成申请号码，最后由财务机器人更新申报处理状态并根据返利订单发送相关信息至审批人邮箱进行审批。

收款到账：财务机器人登录网银系统并获取银行流水，快速精准地处理数据后，将符合入账条件的数据自动录入系统，提高了收款效率，缩短了人工收账等待时间。

订单发货：财务机器人按顺序循环检查收款金额是否满足订单下放要求并以释放有效订单，或根据客户邮件按附件需求判断是否释放订单。

客户对账：财务机器人定时登录网银系统，自动下载银行流水，并在 Excel 中整合导出的数据。具体对账的流程是根据企业的收付款逻辑，从客户名称、收付款时间、累计金额等多个维度自动匹配，向存在对账差异的客户发送对账邮件，并自动处理对账无误的账务。

收款核销：财务机器人从银行获取数据，自动认领来款，并同步至账务系统进行收款核销。

客户信用审核：财务机器人定期进行客户信用信息的查询，并将相关数据提供给授信模块，用于评估和控制客户信用。

客户主数据维护：财务机器人自动更新主数据变更信息并发布变更通知。

四、固定资产管理

固定资产管理是对资产采购、资产折旧、资产处置及资产盘点的整个过程的业务处理。其中，资产卡片管理、资产价值变动管理、资产分析、智能预警等流程可由财务机器人处理。具体子流程如下：

资产卡片管理：财务机器人自动、批量地对资产卡片进行信息录入与分发投递等。资产卡片信息的录入需要利用 OCR 技术对固定资产实物照片、资产采购合同、付款单等文件进行批量识别并转化为结构化数据。通过设置影像扫描端口与资产管理系统的连接规则，财务机器人可将指定文件自动分发并投递至资产管理岗位，然后根据需要灵活制定或修改投递规则，获取所需要的信息，这样可以加强对文件的控制与管理，同时保证固定资产管理中原始信息的自动录入与精准匹配。

资产价值变动管理：财务机器人针对资产实物进行全程跟踪，记录、计量资产的价值变化。财务机器人与固定资产盘点时所使用的外部终端对接，获取资产实物信息，然后对业务部门出具的盘点报告及机器人获取的数据进行比对，从而确认盘点报告的真实性。对于资产价值变动申请，财务机器人自动从系统中获取资产的使用情况，并通过大数据技术及智能算法对信息进行分析与计算，从而判断其是否应该减值或者折旧变动，并自动计算出与决策适合的减值金额及折旧方法，保证固定资产后期的精确管理。

资产分析：财务机器人记录资产的使用情况、账龄情况和折旧费用的分配情况。财务机器人可实时获取与分析所有资产的损耗、闲置、维修等数据，全面维护资产信息。财务机器人可分析不同类型资产的使用情况、不同地区或部门的资产利用效率、不同供应商提供的资产使用效果等，给出实时资产分析报告，将其传递给相应的信息使用者与企业决策层，从而提高资产使用效率、资产采购预算编制速度及部门资产需求预测的准确度。

智能预警：当固定资产调动或处置资产发生变化时，财务机器人可以收集资产调动或处置的基本资料，如调动申请、调动审批文件等，自动筛选资产的调动或处置信息，并更新资产实物上的识别码，同步更新各个系统内的资产信息。财务机器人对各个系统间相同信息点设定相同的规则与勾稽关系，由此实现各个系统间信息的统一。当各个系统间同一资产信息出现差异时，财务机器人会实时发出警告提示。

五、存货到成本

在存货到成本流程中，成本指标录入、成本费用分摊和账务处理报告等工作具备自动化条件。具体子流程如下：

成本指标录入：财务机器人录入存货成本指标并出具统计分析表。

成本费用分摊：在期末，财务机器人按脚本分步或并行执行相关成本和费用的分摊循环。

账务处理及报告：财务机器人自动记账，实现物料在不同的核算范围按不同的计价方法核算，支持不同维度下的个别计价方法核算，并且支持存货成本按费用项目分项核算及成本结转，提供精确的成本分析数据，自动出具相关报告。

六、总账到报表

总账到报表流程中关账、标准记账分录处理、关联交易处理、对账、财务报表的出具等工作可借助财务机器人完成。具体子流程如下：

关账：在期末，财务机器人自动进行各项关账工作，例如现金盘点、银行对账、销售收入确认、应收账款对账、关联方对账、应付款项对账、存货的确认和暂估等。如发现异常，发送预警报告给相关负责人；如对账无误，则自动进行账务处理。

标准记账分录处理：财务机器人周期性地对账务进行记录和结转。

关联交易处理：财务机器人根据相关子公司的交易信息，实现自动关联交易处理。

对账：财务机器人每日自动完成对账和调节表打印工作，全程无须人工干预。

出具单体报表：财务机器人自行完成数据汇总、合并抵销、邮件催收、系统数据导出及处理等工作，自动出具模板化的单体报表。

出具合并报表：财务机器人从系统中导出数据并根据规则完成汇率数据和当月境内外合并数据的处理和计算，计算期末余额并对结果进行检查。然后财务机器人实时监控收件箱，收集各子公司报送的月报文件并发出催收提醒，再对子公司报送数据进行汇总，并根据抵销规则生成合并抵销分录。最后财务机器人根据生成的数据，形成当月合并报表。

七、资金管理

资金管理为日常性和高重复性的工作，可利用财务机器人减少人工工作量。在资产管理中，适合财务机器人应用的子流程如下：

银企对账：财务机器人取得银行流水、企业财务数据，并进行银行账和财务账的核对，自动出具银行余额调节表。

现金管理：财务机器人根据设定的现金上画线自动执行现金归集、现金计划信息的采集与处理等。通过智能算法，财务机器人按照预设的规则，根据支付方式、支付策略、支付金额等，计算最优化组合，自动完成资金计划。资金计划结果可直接使用或供用户参考。同时，财务机器人动态监控资金收支，帮助企业实时掌控资金状况。

收付款处理：财务机器人根据订单信息和供应商信息，自动完成收款与付款。

银行回单管理：资金支付指令发出后，财务机器人自动登录网银系统获取银行回单，同时登录影像系统，通过关键字找到唯一匹配信息自动进行挂接，并将结果以邮件方式通知财务人员。

八、税务管理

税务管理是目前财务机器人运用较为成熟的领域，包括自动纳税申报、涉税信息校验、增值税发票验真等子流程。

增值税发票开具：基于现有待开票数据，财务机器人操作专用开票软件自动开具增值税普通发票和增值税专用发票，在提高开票效率的同时可避免人为录入错误的情况发生。

发票验真：财务机器人利用 OCR 技术对票据进行批量扫描，将其转化为电子数据，然后通过国家税务总局增值税发票查验平台进行统一查询、验证、反馈和记录。同时，财务机器人可以与企业管理系统连接，完成三单匹配和自动过账等。

进销项差额提醒：财务机器人定期从核算系统、开票系统、进项税票管理系统等数据源生成提醒表格，并发送给业务人员。

税务分录编制与录入：财务机器人根据纳税、缴税信息完成系统内税务分类的编制，计算递延所得税并完成分录的编制与录入，计算资产或负债，完成系统内的入账，并邮件提醒相关责任人。

纳税申报准备：在期末，财务机器人自动登录账务系统，按照税务主体批量导出财务数据、增值税认证数据等税务申报相关的业务数据。

税务数据获取及维护：财务机器人自动获取事先维护好的企业基础信息，便于日后生成纳税申报表底稿。

涉税数据核对校验：对于需要调整的税务差异、会计差异、进项税数据差异、固定资产进项税抵扣差异、预缴税金等，财务机器人通过设定好的规则自动调整；借助预置的校验公式进行报表的校验，如财务科目与税务科目的数字校验等；将处理好的数据整理成文件夹，由税务人员进行审查。

纳税申报：对审查无误的数据，财务机器人根据特定逻辑由工作底稿自动生成申报表，在税局端自动导入纳税申报表并将相应的信息保存在本地。

九、档案管理

借助OCR工具，企业相关档案可实现数字化，这给机器人的使用创造了条件。

扫描：财务机器人利用OCR技术，对纸质档案进行扫描，抓取关键信息，将纸质文件快速数字化。财务机器人接收到OCR抓取的数据后，对数据进行审核、分类与存储，使电子档案库做到流程标准、内容标准、文档标准、查询标准、管理标准。

电子归档：财务机器人将电子文件按需对电子文件进行分类和汇总，实现电子档案数据库的建立。财务机器人每月仅需数十小时即可完成公司上万个文件的自动归档，无须人工干预。

电子档案查询：在审批过程中，财务机器人将每份电子档案中相应的跟踪记录文档保存下来。在查询时，查询人员只须填写查询申请表并发送给相关审批人员即可。财务机器人可 7×24 小时接收审批通过的查询申请表，按需完成档案查找，并将查询到的档案信息作为附件回复给指定人员。

十、预算管理

预算管理在某种程度上较依赖人为判断，但财务机器人仍可借助预先设置的模型，为预算决策者提供参考。

预算编制：预算管理人员预置企业预算业务模型，财务机器人按年统筹预算、按季度滚动预算、按月调整预算，并自动分解期间费用、项目费用。

预算执行情况监测：在预算执行过程中，财务机器人实时监测预算的占用情况，并对预算使用情况进行定时和不定时的检查审计。

预算报告创建：财务机器人使用历史和市场数据生成预算报告，并创建预算与实际的差异报告。

十一、绩效管理

在绩效管理流程中，财务机器人适用的具体子流程如下：

产品效益分析：根据采购原材料的价格和出售成品的价格，财务机器人自动分析产品的投入产出比。

客户收益分析：财务机器人根据客户信息分析客户特征、评估客户价值，从而为客户制定相应的营销策略并提供资源配置计划参考。

客户满意度分析：企业收到客户的反馈邮件后，财务机器人运用认知技能执行客户满意度分析并对客户的电子邮件进行识别和分类，同时将"不满意客户"的电子邮件分别反馈至业务部门和客户服务中心进行处理。

资本收益分析：针对某项支出目标的实现方案，财务机器人计算出该方案的成本和收益，为执行者对该项目的评估提供参考。

经营分析标准化报表出具：财务机器人与不同的系统进行交互，自动从内网、外网获取相关数据，然后根据业务规则整合和处理数据，并邮件发送生成的报表或报告等至相关人员。

十二、风险管控与合规管理

财务机器人有助于企业加强风险管控与合规管理，具体适用的子流程如下：

审计证据自动化、持续采集：财务机器人可根据既定规则，不受时间、地点、IT 基础架构限制，不间断地从系统中获取如信贷合同、授信审批文件等审计证据，同时可通过 OCR 技术快速读取证据信息。

审计文档审阅：财务机器人可对非结构化审计数据（如信贷合同、手工单据）与结构化审计数据（如业务报表）进行智能化勾稽比对并形成初步审计结果。

出具管控合规报告：财务机器人支持自动化的数据采集、整理和分析，依照既定的排版格式生成管控合规报告。底稿数据发生变动时，财务机器人还能自动完成数据更新。此外，通过数据分析和仪表盘技术，财务机器人能够基于审计中的关键数据生成可视化报告（如针对集团内公司的审计结果评价），以供管理层更直观地审视审计结果。

审计缺陷管理：财务机器人通过多样化、可订制的日志工具，对审计资料获取情况和审计底稿填写情况进行记录；根据预设逻辑对数据进行清理和分析，快速识别异常数据和交易；针对识别的异常数据自动完成持续抽样和测试，将监控结果以邮件等形式通知审计经理。

财务主数据管理：财务机器人对财务主数据进行整合，自动进行数据的清洗和丰富，然后将主数据分发给企业内需要使用这些数据的操作型应用和分析型应用，并对分发范围和权限做出严格的控制。

第三节　财务机器人的实施方法与流程

一、策略与评估

企业部署财务机器人的目的是什么？什么样的业务最需要财务机器人？如何选择合适的供应商？流程自动化的投资回报怎样确定？技术创造的价值应当与整个组织的业务战略和驱动因素保持一致，因此，企业在设计与部署财务机器人之前，需要立足全局，站在战略层面分析，为企业流程自动化做好充分的准备。

财务机器人实施的第一步是确定财务机器人的实施策略，并对整体实施方案进行评估，这决定了财务机器人的实施能否成功。这个阶段需要完成的工作包括：明确 RPA 的实施目标；梳理需求，评估业务流程；确定供应商评估标准；识别关键角色，组建 RPA 团队；明确 RPA 的方案适配性，利用投入产出法评估项目实施效益。

财务机器人实施的战略定位应与企业的发展目标和期望保持一致，在展望未来的同时准确评估企业当下所处的状态及所拥有的资源，制定明确且可衡量的实施战略，这对于后续的财务机器人的设计及应用有着重要意义。

（一）明确财务机器人的实施目标

企业传统的财务流程主要依赖人工作业，财务信息化也多依赖于第三方企业提供的财务信息系统。手工密集型的基础财务工作高度重复，需要耗费大量的人力和时间，效率低且出错率高。不同信息系统之间没有接口，数据多点同步困难，跨系统、跨岗位的数据传输存在较高错误率和沟通成本，大量未电子化、非结构化数据的汇总、统计和分析也使得财务数据处理滞后。此外，时间与人力的限制让合规与审计等工作只能通过抽样的方式进行，给业务合规带来了一定的风险。

RPA 采用外挂模式部署，适用于多个异构系统，开发快、成本低，能够帮助企业快速解决现有的财务流程痛点，提供虚拟生产力。

企业在确定部署财务机器人之初，应将财务机器人的功能与本企业业务流程结合起来，从而明确财务机器人的实施目标。目标是可以影响不同利益相关者的战略举措，因此，在确定目标时，加强组织工作、有效应对潜在阻力非常重要。

明确财务机器人的实施目标和愿景，如 RPA 要为企业带来哪些效益、解决何种流程痛点、涉及哪些利益相关者，是企业 RPA 成功之路的第一步，更是企业在自动化战役中获胜的关键。

（二）充分发掘流程自动化场景

企业应评估和梳理业务流程，充分发掘和识别 RPA 应用场景，明确 RPA 方案的适配性，寻找流程数字化的痛点和机会点。

RPA 业务流程的选择应以企业的目标需求为导向，对财务流程进行梳理，评估各流程的 RPA 方案适配性，进而选择适合实施财务机器人的业务流程。RPA 业务流程评估需要先定义评估标准，并根据相应标准对流程进行评估。评估标准的设置应兼顾 RPA 的实施价值和实施难度，同时结合企业财务流程的特性综合考量。常见的有以下七个评估标准：

体量和规模要求：财务机器人适合处理企业体量和规模较大的业务，实现规模效应，促进人力资源的释放。

劳动密度和劳动重复性：流程中需要人工处理的部分占比越大，就意味着劳动重复性越高、差错率越高，也意味着财务机器人施展的机会越大。

企业信息系统数字化程度：财务机器人并非严格意义上的人工智能，机器人对单据文件的处理须建立在文件已经数字化、企业流程已经信息化的基础上。因此，数字化、信息化程度越高的企业越适合部署财务机器人。

流程是否贯通异构系统：在异构系统对接存在困难的情况下，企业可考虑使用财务机器人，这样不会改变企业原有的信息系统架构。

风险和用户体验协同：与流程相关的风险级别越高，越需要人为控制，财务机器人就越不适用。如果人工参与是提高用户体验的必要条件，那么财务机器人不适用。

战略重要性：战略重要性较低的流程通常事务特征较明显，也往往适合自动化。流程的战略重要性越高，意味着该流程越依赖人为判断，如企业远景规划、战略制定和外部关系管理等，这类业务并不适合财务机器人。

短期系统升级的可能性：短期内要升级系统或更换底层和支持系统计划的企业不适合部署财务机器人。

（三）供应商评估与选择

首次实施 RPA 项目的企业，面临的首要挑战是缺乏 RPA 资源、RPA 技术和 RPA 人才，缺少项目管理、流程管理及变革管理的技能，这就需要与第三方供应商合作。

当前市场上 RPA 商业产品多样，面向桌面自动化、流程自动化的软件工具可以分为消费级和企业级两大类。近年，得益于人工智能技术的成熟，众多 IT 厂商涌入 RPA 行业，国外 RPA 巨头也纷纷进入中国市场。传统的 RPA 产品主要依靠 AI 集成，如今新兴的 RPA 厂商则普遍拥有强大的人工智能背景，具备自研 AI 能力，能让流程自动化更好地串联公司原有业务，提供更加多元化、个性化的 RPA 产品。

Gartner 对 RPA 供应商的评估主要基于两个标准：执行能力和企业战略。企业战略的评估要考虑市场份额、销售战略、产品战略、商业模式、垂直行业战略和科技创新等要素；执行能力的评估要考虑产品和服务、总体可行性、销售执行和定价、市场响应、营销执行、客户体验和运营。

RPA 采用外挂模式部署，不需要改造企业现有的信息系统架构，但不同供应商提供的 RPA 平台往往无法兼容，平台迁移有难度，因此企业在进行软件选型时要考虑很多因素，综合分析评估。除了综合考虑各厂商的公司规模、产品功能与需求的契合度、用户友好度、系统集成性、开发周期及收费模式等因素外，实施方的 RPA 实施经验和后期维护运营也要考虑进来。

针对 RPA 供应商的评估，我们可以结合企业自身的业务需求和经费预算，从产品与技术、成本与效率、交付与服务、安全与保密四个维度展开，选择最契合企业 RPA 战略的供应商。

产品与技术：产品与技术是评估 RPA 供应商的首要考虑因素。RPA 的使用者往往不具备丰富的计算机知识，因此优秀的 RPA 产品应当具有简洁、直观的流程操作界面。平台独立性与可扩展性能够让 RPA 的部署和升级维护更灵活，实现跨平台应用。此外，RPA 供应商是否拥有人工智能背景、是否能够提供配套的硬件设施，以及是否能处理非结构化数据，是在技术层面须考虑的重要因素。

成本与效率：降低成本是企业应用 RPA 的主要目标之一，因此企业在部署 RPA 之前需要关注 RPA 实施的成本与效率，进行投资回报分析。RPA 的实施成本包括技术服务费用、版本升级费用、人员培训费用和后期维护费用。企业还应了解不同 RPA 供应商的实施周期和对企业个性化需求的响应速度，根据自身的战略规划选择合适的 RPA 供应商。

交付与服务：随着人工智能的发展，RPA 已应用于金融、物流、保险等多个行业。企业在对 RPA 供应商评估时应充分了解供应商是否有相关行业的丰富实施经验及其提供的交付与服务是否满足企业战略需要，是否提供配套的运行维护、产品升级和人员培训服务。RPA 供应商应当具备卓越的自动化创新能力和产能扩大能力，同时拥有良好的售前与售后信用。

安全与保密：RPA 在运行过程中会对企业经营管理的信息和数据进行处理和传输，因此 RPA 产品应当具有良好的安全与保密性，便于信息的监控与分析、存储与传输及数据的转换，同时应拥有完善的自我检查机制和任务追溯机制，能够及时检测环境异常并进行预警，保障企业的信息安全。

（四）组建财务机器人实施团队

RPA 作为数字化劳动力，可以应用于任何规范化流程中。它为企业带来的效益应从企业整体层面来衡量，而非财务部门本身。因此，RPA 的实施应得到企业管理层的认可与支持，由财务部门牵头并主导，IT 部门积极参与并配合实施，基层员工也应参与其中，在了解 RPA 优势的同时积极应对 RPA 给自身工作带来的挑战。

在确定机器人实施的策略与适用业务流程，并且完成选型后，企业应组建 RPA 的实施团队，由 RPA 团队来推行和管理机器人流程自动化。RPA 实施团队应由企业的内部团队和 RPA 供应商的外部团队共同组成。内部团队包括 RPA 发起者、RPA 项目经理、RPA 决策者、自动化管理员及 RPA 使用者，外部团队包括 RPA 实施架构师、自动化设计师、IT 自动化经理、RPA 服务支持等专业技术人员。流程开发人员和业务分析师可以由企业内部的专业人员担任，也可以聘请咨询顾问。

RPA 发起者：流程自动化的需求提出方，通常由业务部门发起，洞悉业务痛点，希望通过 RPA 再造业务流程并愿意提供自动化所需的资源。

RPA 项目经理：RPA 项目团队的负责人、数字化劳动力建设的总指挥，能够协调项目实施过程中涉及的利益相关者，在整个组织中以最有效的方式部署 RPA。

RPA 决策者：企业采用 RPA 的决策者，数字化劳动力绩效的监督者，需要具有很强的商业头脑和技术头脑，执行代码评审，定期与组织中的专家召开会议，将专家们遇到的困难进行优先级排序。

自动化管理员：RPA 数字化劳动力的 HR，与业务部门合作管理和运营企业的 RPA 平台，管理 RPA 应用程序的访问权限，安排 RPA 的工作量，协调自动化资源，提高 RPA 的使用效率。

RPA 使用者：利用 RPA 完成部分业务流程的企业员工。

流程开发人员：业务专家，需要了解企业业务流程的核心操作，负责梳理自动化业务的定义、流程和需求，配置可重复且可伸缩的业务流程。

业务分析师：根据他们在承接某项具体业务需求方面的丰富经验，结合对所选工具功能的基本认识，确定潜在自动化流程的优先级；与 IT 经理和业务部门合作，协助创建相关文档；提供企业内部培训，确保 RPA 实施工作的正常进行。

RPA 实施架构师：规划 RPA 的架构建设，设定业务边界，设置服务器和虚拟机，准确捕捉企业数字化劳动力需求，将底层 RPA 通用模型转换为适合企业的流程，提供端到端建设的支持。

自动化设计师：负责构建和设计可重复使用的模块化组件，以形成 RPA 实施框架，从而创建弹性、可扩展、可重用的 RPA 机器人，加快交付周期，减少维护成本。

应用开发专家：与供应商合作，开发 RPA 工作流程，更新和管理 RPA 应用程序；确保将自动化工具正确运用到应用程序中；管理所有信息技术基础结构库的构建和更新。

IT 自动化经理：从技术角度管理整体 RPA 工作，需要同时具备 RPA 开发经验和项目管理技能，管理 RPA 技术资源，制定 RPA 部署标准，执行 PoC 测试，推动任务完成。

RPA 服务支持：响应客户需求，解决客户使用 RPA 过程中出现的问题以满足订制需求，组织客户企业的人员培训，确保 RPA 部署后的稳定运行。

其中，RPA 决策者、RPA 项目经理和自动化管理员是企业内部团队中的关键角色，对企业财务机器人的实施起决定性作用，同时也是未来企业 RPA 卓越中心的重要角色。

（五）评估财务机器人的投入产出

尽管财务机器人的实施可以为企业带来诸多好处，但财务机器人实施所需初始投资大且技术难度高，因此必须进行投入产出分析。

1. 财务机器人的实施成本

企业实施财务机器人的投入可按前期评估、中期开发上线、后期运营维护三个阶段分析。每个阶段的成本包括资金成本、人力成本和组织管理成本。充裕的资金支持对于项目顺利实施至关重要，财务机器人的实施涉及业务流程的升级和优化、应用软件的配置和开发及上线后的运营和维护，预算项目较多，因此，在项目实施之前，企业应尽可能准确、详细地预估各项费用支出，为项目的顺利实施提供充足的资金支持。

当前，市场上的财务机器人有购买和租赁两种部署方式，费用按机器人数量计算，因此，根据业务流程的投资回报率等选择部署方式对于企业降本增效尤为重要。预算不充足、业务流程个性化程度低的企业可考虑租赁的部署形式。

就单财务机器人（指对一个特定流程进行的自动化）而言，其直接成本包括三个部分：人工、软件和硬件。财务机器人实施的经费预算主要发生在开发与应用、运营与优化两个阶段，需要考虑的费用项目如表 6-2 所示。

表 6-2　财务机器人实施的经费预算项目

实施阶段	人工费用	软件费用	硬件费用
开发与应用	开发、测试和上线	开发软件、准备测试环境和测试数据	开发和测试需要的硬件配置
运营与优化	产品维护	运营软件、维护软件	服务器或虚拟机的购买和租赁

企业在评估财务机器人实施经费时，需要确定四个关键信息。

流程复杂度：业务流程的复杂程度和财务机器人的实施成本呈正相关。复杂的业务流程意味着 RPA 项目需要更长的开发测试周期，随之带来更高的开发测试成本和软件维护成本。

项目周期：财务机器人实施的项目周期与项目类型和开发模式有关。通常情况下，试点项目（一般指三个流程以内的项目），需要 1 ~ 2 个月完成；涉及管理或流程变革的项目，一般需要 6 ~ 8 个月；覆盖从流程梳理到规模化应用的全周期类型的项目持续时间会更长。在遵循系统顶层设计约束的前提下，项目落地可以分期分批实现，企业可根据自身自动化战略规划合理安排。

预计使用寿命：财务机器人的使用寿命决定着计算投资回报率（ROI）的时间参数。信息技术的发展会加快机器人的迭代速度，根据企业所处行业的商业环境变化情况，计算投资回报时一般选择 1 ~ 2 年为时间跨度。而实际上，机器人使用的时间会更长一些，后续迭代升级的成本也远小于初次引入的开发成本。

业务流程所需人工：对于项目实施初期实现业务流程所需财务机器人数量，即无人值守机器人软件许可证和虚拟机的数量，企业可参考该业务流程原本需要的财务人员数量。通过测算流程的单位操作工时和预测业务的作业量来计算相关业务流程的总工时；在财务机器人不间断工作的前提下，使用动态调度等方案对财务机器人进行合理的调配，同时考虑维护和调试所需的缓冲过渡时间。

2. 财务机器人的实施收益

分析财务机器人的成本及收益时，我们可先从一类业务中选择一个流程，并确定手动执行该工作需要多长时间，然后用处理该过程的人数乘以平均每人处理该流程需要的时间，再乘以部门的平均小时报酬，即可粗略估计执行该任务的人力成本。例如某一流程任务每年需要 20 个人力（按 FTE 全时当量计算），每人每天工作 8 小时，每天薪资是 300 元，共需要 130 个工作日完成，那么这项工作总费用为 78 万元。如果对这一流程实行自动化，估计至少可节省人力成本 70 多万元，同时这 20 个人每年共可节省约 20 800 小时，可专注于更有价值的工作。

对于 RPA 带来的效益，我们应从多维度进行评估，而不仅仅局限于成本和效益。业务流程的成本缩减，通常是通过自然减员、冻结招聘和让员工承担更高价值的工作来实现。RPA 最明显的效益在于削减基于明确规则的业务流程的员工数量，这也往往是驱动业务增长的方案。

二、设计与构建

在财务机器人实施的策略与评估阶段，企业已明确实施目标，匹配了适合的供应商和实施团队，并结合 RPA 的功能特点和局限性，筛选出能够应用财务机器人实现流程自动化的场景，同时对实施方案进行了评估，选择实施效益较高的流程作为试点。接下来，企业须对已筛选出的流程进行财务机器人的设计与构建，完成基于 RPA 的流程再造，并明确所需配置资源。

此阶段需要完成的工作包括围绕可实施财务机器人的业务，确定其所包含流程的实施优先级和任务需求，明确任务需求和业务流程各个节点的逻辑衔接关系，判断现有业务流程如何运用 RPA 实现替代。目前，市场上的 RPA 基础功能有数据检索与记录、图像识别与处理、平台上传与下载、数据加工与分析、信息监控与产出等，企业可基于此确定财务机器人的流程逻辑及基于 RPA 的新业务流程，确定 RPA 的软件配置与开发量，建立完善的文档管理机制。

财务机器人的设计与构建过程为后期实施应用建立了方案蓝图，合理地规划了实施路径、重塑了流程场景、做好了前期准备，这对于财务机器人的顺利上线及后续扩展至关重要。

（一）确定实施优先级和任务需求

在策略与评估阶段，我们已经对流程自动化的场景进行了充分的挖掘，并对方案的投入产出进行了评估与分析。企业须进一步对业务流程实施优先级排序，明确任务需求。

初次实施财务机器人的企业，应优先选择对业务贡献价值最大、自动化潜力最大、实施性价比最高的业务场景实现标准流程自动化，从而让 RPA 机器人尽快发挥出其降低成本、提高效率的优势，以便得到企业领导和员工的认可，减少推广和实施的阻力。财务机器人的适用优先级可通过业务评估确定。企业可先列举业务场景，再从机器人的适用效果、导入可行性两个方面设定相关指标，并对各业务流程加权计分，最终评定实施的优先级。

适用效果：此类指标旨在评估财务机器人在各业务领域的实施意义和价值。RPA 适用于量大易错、含多个异构系统、含大量结构化数据等的业务流程。因此，我们可从业务量、重复性、手工操作复杂度、操作耗时、系统功能、数据源等角度出发，衡量财务机器人能否显著提升业务流程效率，并优先在实施效果更突出的流程部署机器人。

导入可行性：此类指标旨在衡量财务机器人在各业务流程的实施难易度和投入成本。在目前的发展阶段，财务机器人的部署须基于明确的规则、标准化的操作、结构化和数字化的数据信息进行识别处理。因此，企业可从流程是否标准、业务规则是否明确、数据是否结构化、人员操作是否规范、应用系统是否稳定等方面判断财务机器人是否易于部署，从而筛选出可行性较强的应用场景。

在确定优先实施的业务流程之后，企业应联合业务流程专家对该业务流程进行充分的梳理，并进行流程审核和优化，明确项目需求，生成详细的需求说明书和项目交付规划。具体步骤如下：

详细流程梳理：对优先实施 RPA 的业务流程进行详细的端到端操作流程梳理、明确详尽的操作规则，便于定位可自动化操作场景，使财务机器人满足操作规则要求。

人工操作识别：识别现有流程中的人工操作，以及操作中所使用的具体表单和数据格式，以便进一步围绕人工操作痛点和操作规范提出需求。

流程优化：整理出实施 RPA 后的业务操作场景，以便进一步明确具体的技术需求，进行相应的流程优化。

项目需求明确：根据对流程的梳理和场景分析，对财务机器人项目实施的需求进行详细的描述，包括需求解读、实施前置条件分析、待解决的痛点描述、系统内外处理逻辑分析、耗时、附件说明等，并对项目的交付过程进行规划。

（二）确定基于 RPA 的新业务流程

筛选出优先实施的业务流程后，须对其进行流程替代逻辑分析和优化再造，确定基于 RPA 的新业务流程：

梳理原流程：对优先实施财务机器人的流程进行端到端流程梳理，合并同质化流程，并绘制流程图。

引入财务机器人：围绕流程现状，分析各环节的财务机器人应用逻辑，为每个适用场景提供财务机器人解决方案，并对新场景进行详细的规划。

连接新流程：企业在确定了业务流程中每个环节的财务机器人替换逻辑后，须对业务环节连点成线，确定新的基于财务机器人模式的业务流程。财务机器人业务流程无须与人工业务流程环节完全一致，在保证流程完整的基础上，可考虑财务机器人的自身优势，进行环节的合并或拆分。

（三）确定 RPA 软件配置

确定了基于 RPA 模式的新业务流程之后，我们须对新流程各环节中的 IT 系统或应用程序进行相应的软件配置。新流程中并非每个环节均须配置相应的软件系统，通常情况下，多个环节可在同一个 IT 系统或互联网平台上完成。企业须参考业务分析师的意见，确定 RPA 流程中涉及的软件应用和系统配置，在此基础上由企业 IT 部门配合财务部门完成新流程开发工作，或寻求第三方供应商支持。

（四）建立文档管理机制

在财务机器人进入实施与应用阶段之前，企业应建立完善的文档管理机制，考虑企业在实施财务机器人的全过程中需要对哪些信息进行记录与存储，从而在实施财务机器人之初创建相应的实施文档，以保证 RPA 实施全生命周期文档的完整性，满足企业特定的组织战略和管理需求，同时为未来 RPA 维护升级、扩大使用范围等提供充足的历史资料。

标准文档：描述 RPA 实施流程的标准方法，是业务人员 /IT/ 实施顾问工作中所需要的文档。

需求文档：被优先考虑实施 RPA 流程的列表。

优先级矩阵：描述实施 RPA 流程的优先级。

复盘文档：展现 RPA 实施后预计的成本降低是否实现。

IT 基础文档：包括如何设置机器人、是否可以复制机器人、如何实现机器人从部署到应用，以及培训文档和 RPA 维护等。

机器人管理文档：描述哪个流程归属于哪个机器人，以及每个机器人的访问权限。

灾备文档：机器人应当是持续运行的，因此需要通过该文档为意外情况制订灾备计划。

文档管理机制的建立，能够促进财务机器人的持续优化与快速推广，确保RPA项目交付后运营团队能够持续、高效地对自动化流程运行提供运维支持。

三、实施与应用

对财务机器人的应用流程、所需软件配置、文档管理机制进行设计后，企业已明确RPA实施的路径和方式，可以正式将财务机器人部署在企业各流程中。

实施与应用阶段需要完成的工作包括：围绕流程设计进行财务机器人所需的软件配置与开发；对流程的运行状况进行测试，并根据测试结果展开优化；测试达到标准后，按照实施优先级进行试点运行；在试运行的基础上扩展财务机器人的上线范围，将其延伸至不同业务和场景中，实现规模化应用。

实施与应用是财务机器人从设计到落地的关键环节，因此项目组在测试、试点过程中须不断进行问题反馈与修正优化，以确保实施效益最大化，逐步扩展财务机器人的应用，为企业创造更多的价值。

（一）软件配置与开发

RPA开发人员根据流程设计生成满足各流程需求的RPA流程配置发布包，并根据试点运行结果反馈不断地进行功能修正，使财务机器人达到项目要求。

企业可从软件厂商处购置RPA产品，虽然第三方机器人的软件许可证费用较高，但成形的RPA产品具有功能完备、开发工具强大且开发周期较短、维护成本较低等优势。在选择产品时，企业须注意综合考虑产品价格、运维成本及响应度、厂商企业规模、业务量、RPA实施经验、已实施案例成功率和契合度、产品功能是否满足本项目各项需求等。

若企业自身业务需求个性化程度较高，或具备较为强大的自主开发能力，不计划直接从市场上购买RPA产品，也可由IT部门针对企业需求自行开发RPA应用。自主开发RPA应用无须承担软件许可证费用，可针对企业特定需求进行开发，实现和企业业务系统更深层次的集成，但存在功能相对单一、开发周期长和维护成本高的缺点。企业如何开展RPA实施，需要综合评估企业的需求、预算和IT能力，选择最为合适的实施途径。

企业须为软件厂商提供办公场所和各种配套办公设备，给予项目开发人员涉及本项目的各系统、应用程序或共享目录的相关访问权限和 RPA 开发的环境需求，尽可能提供完善的数据报表和可校验的测试数据，配合软件厂商进行试点运行结果的确认并由业务人员提出反馈，以便开发人员及时优化调整。

（二）流程测试

流程测试是财务机器人试点应用前的实战演练。对基于 RPA 的新业务流程协调组织测试，对流程各节点及整个流程的优化和改进，是机器人自动化流程试点应用前的必经阶段。通过流程测试，企业可以发现新流程存在的问题和不足，并提出优化改进措施，为财务机器人的试点上线提供保障。

流程测试阶段，项目人员需要制订完备的流程测试方案，以保证基于 RPA 的业务流程正常进行。例如，确定流程测试的时间、范围；确定相关部门的测试分工和沟通机制；确定财务机器人实施运行团队的人员组成和分工，安排项目现场人员、后台支援人员、试点人员、业务和系统人员名单；出具测试工作计划等。

1.PoC

PoC（Proof of Concept，概念验证）是企业大范围部署 RPA 的必经环节，是指针对客户具体应用的验证性测试，旨在以低成本、高效率的方式匹配用户真实的业务场景，验证 RPA 的技术可行性和应用可行性。

PoC 的作用：根据客户对财务机器人提出的需求和标准，在指定的业务场景，通过对编写好的 RPA 脚本进行测试，以发现其局限性，不断地进行调试和优化，确保 RPA 能够按预期工作，从而向企业证明系统可以实现某些功能，定义企业的 RPA 运行模型，满足相关业务的基础需求。

PoC 发生在企业正式部署 RPA 之前，企业应充分利用供应商和 RPA 产品厂商的丰富经验，通过 PoC 来获得各利益相关者的反馈，并根据自身业务需求或未来发展规划部署 RPA，实现降本增效的目标，将财务人员的工作重心转移到精细化管理和财务转型创新。

最常使用的 PoC 有两种形式：直接对选定产品进行测试或利用测试在多个产品中对比择优。若企业在产品选型阶段已经有所决策，可直接对这款 RPA 产品进行 PoC 测试，这样更能节省人力成本和时间成本，有利于更快整理用户需求，缩短实施周期；若企业自身缺乏 RPA 产品选型的经验和能力，需要 RPA 实施团队亲自调研。通过业务场景重现、视频采集、语音讲解辅助的方式，对两种以上的 RPA 产品进行 PoC 测试，综合对比各方面因素进行择优选取。

技术可行性测试通过后，企业还需要进行 RPA 的应用可行性验证，具体需要考虑三个方面的因素：异常情况的覆盖、运行时间及财务信息安全。首先，RPA 产品能否覆盖全部异常情况，出现问题时能否及时地进行灵活调度；其次，RPA 的使用过程是否需要人工参与决策，这决定着 RPA 是否能真正全天候工作，即企业应选择有人值守机器人还是无人值守机器人；最后，财务信息对企业来说至关重要，部分信息涉及保密，RPA 的应用是否存在信息安全隐患，这也需要进行验证。

PoC 的目的是在应用阶段更快更好地部署 RPA。实施 PoC 的技巧如下：

挑选适用业务：挑选具有固定规则、大量重复、强逻辑性、低人工参与度的业务流程进行测试，有利于快速看到成果，由点及面地进行扩展。

量化实施影响：选择的业务流程应具有积极的业务影响，且该影响易于量化，可以通过对 ROI 的计算分析挑选最优流程，从而在广泛应用和部署后为企业创造最大价值。

重视后期维护：将 RPA 部署后的可维护性作为重要的测试指标，产品厂商提供的 RPA 操作脚本应能够提供模块化组件，适用于多个异构系统，并可以根据组织模式的调整或业务流程的变化进行参数调整，从而快速响应企业的业务需求。

保证系统安全：慎重考虑 RPA 产品厂商的安全机制，确保财务机器人实施的系统安全性。

2. 问题跟踪解决

财务机器人流程测试过程中，难免出现软件配置、节点对接等方面的问题。项目人员需要在测试过程中对发现的问题进行持续跟踪记录，详细记述问题出现时的硬件和软件情况，以此来优化流程细节，为 RPA 的规模化应用做好准备。

通过编制流程测试问题跟踪表，可以及时获取流程运行中存在的问题、使用者反馈的意见，并针对意见制订解决方案，持续跟进，直到问题解决。流程测试问题跟踪表通常包括对问题的描述、重要性评估、反馈人员、反馈时间、解决方案、解决方案负责人、预估解决时间等。此外，RPA 项目团队可以面向试点运行阶段参与的公司员工发放调查问卷，收集来自 RPA 使用者的反馈和建议，进一步优化流程。

（三）试点运行

在完成对基于 RPA 的新的业务流程测试、优化和改进后，财务机器人的实施进入试点运行阶段。通过对 RPA 适配度最高的业务流程进行试点应用，证明财务机器人战略的可行性。在 RPA 试点上线阶段，须建立财务机器人运行的 SOP（Standard Operating Procedure，标准作业程序）文件。

SOP 文件是 RPA 使用者的工作准则，对操作人员的工作予以说明与规范，以达到业务操作的一致性与标准性。SOP 文件是最基本的也是最重要的准则。一份完整且保持最新标准的 SOP 文件不但能够规范生产流程，而且会影响整个公司的运作。

建立财务机器人运行的 SOP 文件，有助于提高财务机器人运作的规范化，形成有效的问题解决机制，并为财务机器人的推广实施奠定坚实的基础。财务机器人自动化流程试点上线是按财务机器人实施计划展开的，是财务机器人实施项目的落地阶段。SOP 文件除了详细记录试点财务机器人各环节的具体运行状况、人员分配等基础操作外，还应包括下列内容：

1. 财务机器人试点上线过程中，需要考虑哪些风险。这些风险对财务机器人的整体实施会产生怎样的影响、如何对风险进行预警，从而有效控制和防范风险。

2. 财务机器人的试点运行是否达到了预期目标。如果出现未达标的情况，应分析原因并进行调整，防止造成更大的损失。

3. 怎样保持并推广财务机器人的优势，是否需要在其他部门或其他流程进行测试。

4. 试点运行过程中相关业务人员的反馈。

5. 特殊情况的异常处理等。

（四）规模化应用

财务机器人的规模化应用是在试点运行的基础上，实现财务机器人的全场景、全流程、全范围上线。企业应结合实际情况及 RPA 项目的特征，保证财务机器人在内部的使用率，充分发挥财务机器人的价值，实现更多财务场景和流程的自动化，并逐步延伸到其他业务模块。

在这个阶段，企业需要全面定义业务目标，重新评估流程自动化及设计部分流程，建立完整的部署路线图，分批次开发财务机器人，并完善 RPA 的管理模型，同时培训员工具备 RPA 的设计、管理及维护能力，进行组织管理模式转型，完善 KPI 绩效，持续改进机制。

1.RPA 再开发

财务机器人的功能在于实现财务业务流程的自动化，因此企业在实施 RPA 项目时，需要因地制宜，站在流程优化和自动化的层次上看待问题，结合试点流程财务机器人的运行效果，在企业全范围内对业务流程进行再评估和优先级排序，建立完整的财务机器人推广实施部署路线图。

RPA 的规模化应用必然会涉及更多的部门、流程及人员，使 RPA 开发和测试的工作量加大，因此再开发过程须注意以下几点：

自主开发可行性高：在推广实施过程中，企业应针对诸多的业务流程分别评估、分析所需的 RPA 软件，利用投入产出原则，考虑直接从市场上购买第三方 RPA 产品还是由 IT 部门自主开发 RPA 应用。相比较 RPA 流程试点阶段，在此阶段企业更有可能选择自主研发，一方面，是由于推广阶段涉及的业务流程较多、时间较长；另一方面，是企业已在试点阶段积累了一定的经验。

应注重软件质量和机器人维护功能：在规模化应用阶段，面对更多元的业务场景，RPA 软件的丰富性、可靠性、准确性和控制机制是企业尤为关注的方面，因此良好的 RPA 软件质量和机器人维护功能是 RPA 再开发的重要关注点，包括开发无错误、无缝集成组件等。

须加强安全和风险管理：考虑到推广应用时可能出现的异常状况，企业也应加强 RPA 的安全和风险管理，包括健全的机器人活动和审计跟踪记录、安全标准、在锁定屏幕下运行机器人的能力等。

2.组织管理模式转型

自动化对企业而言是一场变革，抵制变革的表现形式往往多种多样，最常见的就是组织中有人不愿意合作，而这种抗拒可能引发跨越组织多个领域的痛点。要想更好地实现自动化转型的目标，企业必须接受和解决这些障碍，协调各类利益相关者，积极采取各种应对变革的措施，保证 RPA 的顺利实施。

实施财务机器人是企业实现财务自动化与智能化转型的重要一步，必然会对企业原有的组织管理模式和有关的岗位职责形成冲击，因此财务工作流程的重新梳理和变革管理的相关工作应及时跟进。企业须确立基于 RPA 业务流程的新的治理模式、管理机制和组织架构。治理模式包括政策、人员和流程的更新，目的是提升治理水平以匹配企业先进的生产力。管理机制的变革对于财务机器人的上线至关重要。财务机器人的管理是指与财务机器人相关的信息技术控制机制，目的是保障自动化应用的安全和持续运行。组织架构管理包括岗位架构的调整和由此带来的人员技术的转变及 KPI（Key Performance Indicator，关键绩效指标）的设置，目的是引领企业不断推动自动化及智能化转型。

对财务管理而言，财务的转型与变革是一个系统性工程，不同职能的财务人员转型路径有所不同。企业引入财务机器人后，需要将负责执行层面工作的人员分为两个团队：机器人流程处理团队和例外业务处理团队。例外业务是必须通过财务人员的知识、智慧、经验才能进行判断和处理的一系列工作。

企业可以根据业务单元的实际诉求和总体情况，通过组织专题会议、外部交流、内部研讨等多种类型的活动，帮助企业提升对 RPA 的认识，提高 RPA 的应用能力，为后续 RPA 的推广建设奠定基础，如建立内部沟通群、发布 RPA 咨询案例、开展 RPA 问题交流和探讨。

参考文献

[1] 胡怡建.税收学[M].上海：上海财经大学出版社，2018.

[2] 应小陆，姜雅净.税收筹划[M].上海：上海财经大学出版社，2018.

[3] 朱沙.税收筹划实务与案例[M].重庆：重庆大学出版社，2018.

[4] 黄夏岚.中国地区税收差异研究[M].北京：对外经济贸易大学出版社，2018.

[5] 杨明洪.财政学·[M].4版.成都：四川大学出版社，2018.

[6] 赵兴军.财政转移支付制度研究[M].北京：九州出版社，2018.

[7] 姚林香，席卫群.税收筹划教程[M].上海：复旦大学出版社，2019.

[8] 林寿争.广西税收调研优秀论文集[M].南宁：广西人民出版社，2019.

[9] 王伟.全媒体时代税收舆情分析与应对[M].北京：中国言实出版社，2019.

[10] 郑婷婷，万旭仙，吴晓娟.经济新常态下税收与企业创新[M].成都：四川大学出版社，2019.

[11] 邱婷.财政与金融学概论[M].南昌：江西高校出版社，2019.

[12] 朱军.高级财政学[M].上海：上海财经大学出版社，2019.

[13] 钟晓敏.公共财政评论[M].杭州：浙江大学出版社，2019.

[14] 赵云旗.中国财政改革与发展研究[M].武汉：华中科技大学出版社，2019.

[15] 刘海燕.税收筹划[M].重庆：重庆大学出版社，2020.

[16] 刘美欣．会计学与财政税收管理研究 [M]. 北京：中国商务出版社，2023.

[17] 李美云．中国税收法律制度 [M]. 北京：中国民主法制出版社，2020.

[18] 钱淑萍．税收学教程·[M].4 版．上海：上海财经大学出版社，2020.

[19] 戴建华．财政预算治理 [M]. 北京：中信出版社，2020.

[20] 刘守刚．财政思想与经典传承 [M]. 上海：复旦大学出版社，2020.

[21] 万莹．税收经济学·[M].2 版．上海：复旦大学出版社，2021.

[22] 谷成．税收与现代国家治理 [M]. 沈阳：东北财经大学出版社，2021.

[23] 陈斌才．企业重组税收理论与实务 [M]. 上海：立信会计出版社，2021.

[24] 尚可文．税收征管模式改革与创新 [M]. 重庆：重庆大学出版社，2021.

[25] 林海帆，马健，扬帆．财政专项资金绩效评价分析研究 [M]. 长春：吉林科学技术出版社，2021.

[26] 彭程，王宏利，霍然．基于大智移云技术的财政数字化转型研究 [M]. 北京：机械工业出版社，2021.

[27] 李素枝．基于财政的基本公共服务均等化实现路径研究 [M]. 长春：吉林科学技术出版社，2021.

[28] 贲友红．中小企业税收筹划 [M]. 上海：立信会计出版社，2022.

[29] 庄粉荣．税收策划实战案例精选 [M]. 北京：中国铁道出版社，2022.

[30] 高瑞锋．一本书读懂税收筹划 [M]. 北京：中华工商联合出版社，2022.

[31] 鲁莉莉，范丽霞，马玉苗．财政税收政策及发展研究 [M]. 北京：中国纺织出版社，2022.

[32] 叶忠明，董中超，马蕾．财政预算项目绩效评价 [M]. 北京：中国时代经济出版社，2022.

[33] 张爱华．财政预算资金绩效评价研究 [M]. 武汉：华中科技大学出版社，2022.

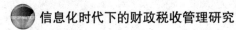

[34] 李燕领，邱鹏，张新奥.我国公共体育服务财政投入研究 [M].上海：上海交通大学出版社，2022.

[35] 刘小兵.财政管理教程 [M].上海：上海财经大学出版社，2023.

[36] 云伟宏.新时代环境财政制度研究 [M].上海：立信会计出版社，2023.

[37] 陈忠杰.财政与税收的基本理论与实践研究 [M].北京：中国商务出版社，2023.